Liebe Inge!

Erst in der Fremde wird man zum Patrioten – erinnere Dich gern an Deine Vaterstadt!

Herzlichst

Willy & Ingrid

22.6.1992

«Diese Stadt ist eine Perle...»

REINHARD POHANKA – KURT APFEL

«Diese Stadt ist eine Perle...»

mit einem Vorwort
von Hugo Portisch

ISBN 3-85058-070-9
© Copyright 1991 by J&V EDITION WIEN Verlagsges. m. b. H. Wien
Alle Rechte vorbehalten
Umschlaggestaltung: Bruno Wegscheider
Satz und Umbruch: Zehetner Ges. m. b. H., Oberrohrbach
Druck: Theiss, Wolfsberg
Bindung: Frauenberger

Umschlagphoto: Albrechtsrampe mit dem Danubiusbrunnen. In der Mitte des Bildes der 1945 zerstörte Philipp-Hof (Sammlung Kurt Apfel)

Inhaltsverzeichnis

Vorwort 7

Blick in die Annalen
1930 – Gegen Krise und Not 9
1931 – Die Spirale der Gewalt: Parteienhaß, Polit-Morde, Putsch . . 15
1932 – Dollfuß, führe uns! 22
1933 – Götterdämmerung für eine Demokratie 27
1934 – Der letzte Kampf des Roten Wien 35
1935 – Vaterländischer Kult im deutschen Österreich 42
1936 – Setzen aufs Trojanische Pferd 49
1937 – Arbeit am Untergang 55
1938 – Den Nazis ausgeliefert 61

Bilder einer Großstadt 65

In die Städte kam ich zur Zeit der Unordnung
Als da Hunger herrschte.
Unter die Menschen kam ich zur Zeit des Aufruhrs
Und ich empörte mich mit ihnen.
So verging meine Zeit
Die auf Erden mir gegeben war.

Bertolt Brecht, An die Nachgeborenen

Vorwort

Nur wenn wir wissen, woher wir kommen, können wir begreifen, wo wir uns befinden, und können einen besseren Weg in die Zukunft abstecken als den, der hinter uns liegt. Dies klingt selbstverständlich, ist es aber nicht. Denn wann schon hat eine Generation bewußt aufgearbeitet, was hinter ihr lag? In früheren Zeiten war man froh, sich nicht umsehen zu müssen. Heute ist das nicht mehr ganz so. Gerade in den letzten Jahren hat man in der Welt und besonders auch bei uns in Österreich den Wert einer genauen Geschichtsaufarbeitung erkannt. Das liegt vor allem an den Fragen, die die Jungen an die Älteren stellen – wie war es? Wieso war es so? Wäre es auch anders möglich gewesen? 50 Jahre Frieden haben interessanterweise den Wissensdrang nach dem, was vorher war, nicht abebben lassen, sondern nur gesteigert. Wie also war es anno dazumal?
Wie es war, konnte man bisher schon in manchem Buch lesen: in teils hochpolitischen, teils feuilletonistischen, in kurzen und in ausführlichen Darstellungen. Worte. Diese Worte formen sich in unseren Köpfen zu Bildern. Doch wie erstaunt sind wir, wenn wir dann tatsächlich ein Bild, ein Foto sehen, vielleicht genau jenes Ereignisses, über das wir gelesen haben: Das sieht alles auf einmal ganz anders aus.
Das Foto als eines der gültigsten Mittel, das Leben der Menschen, die Zeitgeschichte, die Arbeitswelt, die Politik, die Auswirkungen menschlicher und politischer Leidenschaften uns so nahezubringen, als wären sie jetzt, in diesem Augenblick, erst geschehen. Diesen ganz besonderen Wert der Fotografie weiß man – so scheint es – erst in unseren Tagen richtig zu schätzen. Vermutlich weil Fotos erst ein bestimmtes Alter haben müssen, ehe wir zur Kenntnis nehmen, daß sie eine Botschaft aus einer anderen Welt vermitteln, wobei wir dann erstaunt feststellen, daß es doch unsere Welt ist; daß die Menschen, die auf den Fotos zu sehen sind, uns etwas zu sagen haben, und daß auch die Gebäude und die Landschaft und die Steine zu uns sprechen. Das klingt romantisch, ist es aber nicht. Denn es ist in der Tat so: Wer's nicht glaubt, nehme einige etwa 50, 60 Jahre alte Fotos zur Hand, und er wird ihre Sprache sehr schnell verstehen.
Daß dem so ist, habe ich in vollem Ausmaß erst begriffen, als mich der ORF ersuchte, die jüngere österreichische Geschichte für das Fernsehen zu rekonstruieren, was dann in den TV-Dokumentationen „Österreich I" und „Österreich II" geschah. Viele tausend Meter Film liefen da, und nicht nur einmal, vor meinen Augen ab, viele hundert Fotos aus jenen Zeiten nahm ich zur Hand. Und hätten wir nicht die Sprache verstanden, mit der sie alle zu uns heute reden, wir hätten die Zeit nicht dokumentieren, nicht rekonstruieren können, aus der sie stammen. Diese Filme, diese Fotos, sie waren ein einzigartiger neuer Stein von Rosette, eine bisher kaum gekannte Art der Übersetzung des Gestrigen ins Heute. Die Bilder, die Filme, sie erlaubten es, uns gleichsam wie mit einer Zeitmaschine zurückzuversetzen

in vergangene Tage und mitzuerleben, was damals geschah – mit dem unglaublichen Vorteil, das Bild und damit die Zeit auch anhalten, noch einmal näher, intensiver, genauer betrachten zu können. Atemberaubend, was wir da bei genauem Hinsehen oft entdeckten.

So lebten unsere Dokumentationen von diesen Bildern, und damals schon, gleich zu Beginn unserer Arbeiten, griff ich zum Telefon und rief meinen Freund Kurt Apfel an; ich wußte, daß er nicht nur ein hervorragender Fotograf ist, der selbst zeit seines Lebens viele fotografische Aufnahmen gemacht hat, mit einem scharfen Sinn auch für deren historischen Wert; ich wußte auch, daß er ein einzigartiger Sammler war, gerade weil er die Sprache der Bilder kennt und immer schon wußte, was sie uns zur Zeit sagen und was sie uns dereinst sagen werden. Ich fragte ihn, ob er bereit wäre, seine Fotos und seine Sammlung für „Österreich I" und „Österreich II" zur Verfügung zu stellen. Er gab mir, wie es eines Freundes würdig ist, eine gerade Antwort: „Wenn du's unbedingt brauchst, dann ja, aber lieber würde ich meine Fotos und meine Sammlung zu einer eigenen Dokumentation gestalten." Das war sein volles Recht und mehr als das: Denn er hat diese Fotos ja nicht nur selbst gemacht und selbst gesammelt, er hat sich bei jedem auch viel gedacht und weiß mit jedem einzelnen auch diese seine Überlegungen, seine eigene Botschaft zum Ausdruck zu bringen. Von da an habe ich ihn gedrängt, möglichst bald mit dieser Sammlung an die Öffentlichkeit zu treten. Und es war mir nicht nur ein Vergnügen, es war mir ein Anliegen, die erste seiner Ausstellungen im Döblinger Bezirksmuseum, in der Villa Wertheimstein, mit würdigenden Worten eröffnen zu dürfen. Die kleine Fotoschau fand ein großes Echo. Und fast alle, die sie sahen, hatten einen Wunsch: Diese Bilder mit nach Hause nehmen zu können und das, was sie uns zu sagen haben, immer wieder zu hören, zu sehen; wobei das von einem Hinsehen zum anderen immer mehr und immer interessanter wird.

Jetzt ist es soweit, mit dem heute hier vorliegenden Bildband stellt Kurt Apfel eine erste Auswahl seiner Sammlung vor: „So war's anno dreißig in Wien", und Sie alle, liebe Leser, die Sie diesen Bildern ins Angesicht sehen, werden es erleben, wie sie zu Ihnen sprechen. Daß die Bilder es tun können und daß Sie es hören, das haben wir dem Können, der Umsicht, dem Fleiß des Autors zu verdanken und vor allem seinem feinen Gefühl für das Leben und seinem Sinn für Geschichte.

Wien, Sommer 1991   Hugo Portisch

Ein Blick in die Annalen

1930 – Gegen Krise und Not . . .

Das Jahr 1930 beginnt hoffnungsvoll: Am 1. Jänner hält der Dramatiker und Lyriker Anton Wildgans im Rundfunk vor den 376 366 angemeldeten Rundfunkhörern eine Rede auf Österreich, in der er programmatisch zusammenfaßt, was ihm Österreich und seine Menschen bedeuten: *„Man hat uns Österreicher ein Volk von Phäaken genannt und hat uns damit als zwar liebenswürdig, aber zugleich als allzu unernste und genießerische Leute abfertigen wollen, die Gott einen guten Mann sein lassen und spielerisch in den Tag hineinleben . . . Der Großteil unseres Volkes aber war immer regsam, tätig und in seinen Genüssen bescheiden. Nur daß es vielleicht das Wenige, das es zu genießen hatte, seiner ganzen Art nach auskostender, mitteilsamer und heiterer zu genießen wußte, als dies anderwärtig der Fall sein mag. Aber hat es deshalb jemals, wenn es aufgerufen wurde von der Geschichte, seine Pflicht verabsäumt? . . . Und dann, meine Damen und Herren, man muß dieses Volk in seinem tiefsten Unglück gesehen haben, in der Zeit, als die Not an jede Türe pochte und der Boden fast unter der Existenz schwankte! Die früher zu genießen verstanden hatten, die wußten jetzt ebenso zu entbehren und zu hungern! . . . In der Sündflut von Schmutz und Verwirrung, die jeder Zusammenbruch einer Staats- und Gesellschaftsordnung entfesselt, ist der Wesenskern unseres Volkes unversehrt geblieben, und jene, auf die es letzten Endes immer ankommt in einer Nation, die Priester und Diener an ihrem idealen Gut, sie haben um der Butter aufs Brot willen die Ehre nicht verkauft, sie haben das Brot lieber trocken gegessen."*

Nun gut, der ehemalige Burgtheaterdirektor Anton Wildgans hat sicher auch im Jahre 1930 kein trockenes Brot essen müssen, für viele andere bleibt es jedoch grausame Realität: Nur fünf Tage nach der Wildgans-Rede muß die Polizei auf den Wanko-Gründen in Wien-Simmering eine aus Erdhöhlen bestehende Siedlung räumen, weil deren Bewohner, Arbeits- und Obdachlose, sie angeblich unter anderem für „gewerbsmäßige Unzucht" verwendet hätten und der geringste sanitäre Komfort fehlte.

Im Mai beträgt die offizielle Zahl der Arbeitslosen in Österreich 284 543, nicht gerechnet die Ausgesteuerten; allein in Wien sind im März 93 307 Personen arbeitslos. Allerorten ist der Beginn der großen Rezession zu spüren, die knapp drei Monate vorher an der Wallstreet von New York mit dem Börsenkrach, dem „Schwarzen Freitag", vom 24. Oktober 1929 begonnen hat. Die Tage der Scheinkonjunktur sind vorbei, die Broker springen aus ihren Büros in den Wolkenkratzern von Manhattan, Zusammenbrüche und Insolvenzen großer Banken stehen auf der Tagesordnung. Auch in Wien glauben 1930 viele Menschen, nicht mehr leben zu können. Das nur sieben Groschen teure „Kleine Volksblatt" vom 16. April meldet in seiner Schlagzeile: „23 Lebensmüde an einem Tag" – selbst nach den schon vorangegangenen schweren Zeiten ein neuer Rekord für Wien.

De Dreißgerjahr? Da war i oft arbeitslos. Hackenstad. War immer dazwischen arbeitslos. Ein Leben, junger Mensch! Dazwischen arbeitslos, dazwischen hab i was g'habt, arbeitslos . . . was g'habt . . . oft meine Posten g'wechselt. I war unbeständig . . . i war ein Falter. Bis Vieradreißig war i Sozialist. Das war aa ka Beruf. Hat ma aa net davon leben können . . . heit wann i war . . . aber heit bin i darüber hinaus . . . i hab eine gewisse Reife, wo mir de Dinge gegenüber abgeklärt sind . . .
Na – im Vieradreißgerjahr . . . wissen S' eh, wia des war. Naa, Se wissen's net. Se san ja z' jung. Aber Se brauchen's aa net wissen . . . Das sind Dinge, da wolln ma net dran rühr'n, da erinnert man sich nicht gern daran . . . niemand in Österreich . . . Später bin i demonstrieren gangen für die Schwarzen . . . für die Heimwehr . . . net? Hab i fünf Schilling kriagt . . . Dann bin i ummi zum . . . zu de Nazi . . . da hab i aa fünf Schilling kriagt . . . naja, Österreich war immer unpolitisch . . . i maan, mir san ja kane politischen Menschen . . . aber a bissel Geld is z'sammkummen, net?
Helmut Qualtinger, Der Herr Karl

Ich habe Wien 1931 verlassen, weil Rot und Schwarz darin einig gewesen sind, an Wildgans einen großen Dichter verloren zu haben.
Robert Musil

> Du bist ein Wiener Mädel,
> reizend, charmant und schick,
> hast veilchenblaue Augen,
> aus ihnen lacht das Glück.
> *Illustrierte Kronen-Zeitung,*
> *21. Juli 1930*

Andere Zeitungen kennen andere Schlagzeilen: Als der Dirigent Wilhelm Furtwängler im Spätherbst 1930 die Leitung der Wiener Philharmoniker niederlegt, um nach Berlin zu übersiedeln, da ist dieses Ereignis der „Neuen Freien Presse" eine ganze Druckseite wert. Die Wiener Konzertbesucher betrachten den bis dahin Vergötterten nun plötzlich als Hochverräter an Österreich.

Die Wiener brauchen dringend jede Ablenkung. Die Stadt steht vor schweren wirtschaftlichen Problemen. Die Investitionen, die das soziale und weltweit anerkannte Wunder des „Roten Wien" möglich gemacht haben, beginnen nun nachzulassen: 1929 konnten noch 129 Millionen Schillinge in kommunale Bedürfnisse in Wien investiert werden, 1930 sind es nur mehr 100 Millionen. Dennoch kann die Gemeinde noch einmal einen gewaltigen Propagandaerfolg feiern: Am 12. Oktober wird der „Karl-Marx-Hof" eingeweiht, der größte und gewaltigste der „Super-Blocks" mit eigenen Schulen, Kindergärten, Bädern, Wäschereien und Konsum-Einkaufsläden. Das Bauwerk, von der „Arbeiter-Zeitung" als „Riesenbau mit den wuchtigen, hochragenden Türmen, mit den langen Zeilen freundlicher, wohnlicher Häuser" beschrieben, bietet 5 000 Personen Platz und ist das größte Wohngebäude auf dem Kontinent. Es ist eines jener Bauwerke, von denen Bürgermeister Karl Seitz gesagt hatte: *„Wenn wir nicht mehr sind, werden diese Steine von uns sprechen."* Sie sprechen auch heute noch zu uns, so erinnern sie uns Nachgeborene zum Beispiel an den Finanzmagier der Stadt Wien, den Stadtrat Hugo Breitner, geliebt vom Volk und gehaßt von den Reichen wegen seiner Steuern auf Hausmädchen, Champagner und Rennpferde, der aber damit das Wunder des „Roten Wien" finanziert hatte. Es ist jener Hugo Breitner, von dem am 4. Oktober 1930 der Heimwehrführer Fürst Starhemberg bei einer Kundgebung vor 2 000 Männern der Heimwehr am Wiener Heldenplatz sagte: *„Nur wenn der Kopf dieses Asiaten in den Sand rollt, wird der Sieg unser sein!"* Mit diesen wüsten Drohungen spielte er deutlich auf dessen jüdische Herkunft an, doch damit konnte die Heimwehr Breitner keinesfalls beugen, erst die Nationalsozialisten taten es und ließen ihn im KZ elend umkommen.

> Seitdem, daß ich nun betteln geh –
> verhärmt und bleich –
> ganz leise um Almosen fleh
> und weiter schleich
>
> verspür ich, wie vor jeder Tür –
> Scham im Gesicht –
> vom Allerheiligsten in mir
> etwas zerbricht.
> *Alois Rosmanith*

Noch aber ist die Sozialdemokratische Partei selbstbewußt und sich ihrer Kraft sicher, ist sie doch auch international anerkannt. So kommt in diesem Jahr der Internationale Gewerkschaftsbund unter seinem Vorsitzenden Dr. Vainö Tanner nach Wien, um im Wiener Konzerthaus seine Jahrestagung abzuhalten. Im Mai wird in Wien der Internationale Frauenkongreß eröffnet, und parallel dazu findet im Hagenbund die Ausstellung „Zwei Jahrhunderte Kunst der Frau in Österreich" statt. Die Gemeinde Wien ehrt ebenfalls eine große Österreicherin: Sie veranstaltet zum Gedenken an den 150. Todestag der Kaiserin Maria Theresia eine große Ausstellung im Schloß Schönbrunn.

Oskar Pollak, Redakteur der „Arbeiter-Zeitung", gewinnt am 19. September einen Ehrenbeleidigungsprozeß gegen Dr. Franz Strafella, den designierten Direktor der Österreichischen Bundesbahnen. Damit löst er eine Staatskrise und Neuwahlen aus. Pollak hat Strafella in einem Artikel „unsauberes und unkorrektes Verhalten" vorgeworfen und ihn beschuldigt, „kein Fachmann" und der „junge Mann Rintelens", des sehr rechtslastigen steirischen Landeshauptmanns, zu sein. Pollak wird im darauffolgenden Prozeß wegen erbrachten Wahrheitsbeweises vom gefürchteten Presserichter Dr. Powalatz freigesprochen, bekommt aber wegen einiger anderer Äußerungen eine Geldstrafe von 5 000 Schilling. Seitdem gilt er als jener „junge Mann" der „Arbeiter-Zeitung", der „die teuren Artikel" schreibt. Das Urteil ist jedenfalls eine Sensation und hat weitere Auswirkungen: Bundeskanzler Johann Schober weigert sich in der Folge, Strafella zum Präsidenten der Bundesbahnen zu ernennen. Vizekanzler Vaugoin und Rintelen bestehen jedoch darauf. Daran scheitert die erst 1929 ernannte dritte Regierung Schober und demissioniert. Viktor Grünbaum, der großartige Wiener Kabarettist, der später nach Amerika auswandert und dort als Architekt und Städteplaner unter dem Namen Victor Gruen Karriere macht, kann es sich nicht verkneifen auf die ganze Affäre seine Reime zu machen: Zur Melodie des damals sehr beliebten Schlagers „Der Honvedmusketier" dichtet er die Zeilen: *„Bin kein Fachmann, bin nicht von der Bahn, sondern vom Professor Rintelen der junge Mann."*

Die Regierung Johann Schober war zweifellos nicht ohne Verdienste, hatte der Bundeskanzler es doch im Jänner 1930 fertiggebracht, daß auf der Schlußakte der Haager Konferenz Österreich von den Reparationspflichten gegenüber den Nachfolgestaaten Österreich-Ungarns und dem „Generalpfandrecht" befreit wurde. Im Februar hatte er in Berlin einen deutsch-österreichischen Handelsvertrag vereinbart und im Juli in London einen Investitionskredit von über 440 Millionen Schilling erhalten. Sein Nachfolger, der ehemalige Heeresminister Carl Vaugoin, ist hingegen Offizier der Heimwehr und hat seine Männer erfolgreich gegen die drohende Entwaffnung durch Bundeskanzler Schober verteidigt, indem er sie auf einer turbulenten Versammlung am 18. Mai in Korneuburg einen Eid schwören läßt, der eine deutliche Kampfansage an den Parlamentarismus darstellt und sich direkt an den Faschisten Italiens und Deutschlands orientiert. Es heißt darin:

*„Wir wollen Österreich von Grund auf erneuern!
Wir wollen den Volksstaat des Heimatschutzes!
Wir wollen nach der Macht im Staate greifen und zum Wohle des gesamten Volkes Staat und Wirtschaft neu ordnen!
Wir verwerfen den westlichen demokratischen Parlamentarismus und den Parteienstaat!
Wir wollen an seine Stelle die Selbstverwaltung der Stände setzen und eine starke Staatsführung, die nicht aus Parteienvertretern, sondern aus den führen-*

> Wie erkennt im Moment man den Wiener auch in der Republik? Er raucht nur sei' Virginia und liebt die Burgmusik. A Jodler und a Schnalzer, das Götzzitat, so barsch, den blauen Donauwalzer und den Radetzkymarsch!
> *Karl Farkas*

Der Staat hat kein Geld; die Gemeinde hat kein Geld; die Unternehmer haben kein Geld – alle haben kein Geld. Deshalb geht die Regierung Schober daran, den Arbeitslosen und den Arbeitern überhaupt noch etwas wegzunehmen. Einigen zehntausend Arbeitslosen soll die Unterstützung entzogen werden. Der Staat, die Unternehmer haben kein Geld. Sehen wir einmal, wofür ja Geld da ist. Nicht von den unvorhergesehenen Ausgaben soll hier gesprochen werden, wie Bankenzusammenbrüchen, dem Postsparkassenskandal oder von Korruptionsfällen, wie in Mistelbach, wo der Staat durch die Unterschlagungen eines Steuerkommissärs gleich um drei Millionen Schilling geschädigt wurde, nein, wir wollen uns hier nur an das vom Parlament beschlossene Budget halten. Da haben wir zunächst das Vaugoinsche Bundesheer. Was kostet dieses Faschistenheer, das, mit den modernsten Kriegswaffen ausgerüstet, nur darauf lauert, die klassenbewußte Arbeiterschaft, die um mehr Brot und um Arbeit kämpfenden Arbeitslosen niederkartätschen zu können? Dafür werden jährlich nicht weniger wie 100 Millionen Schilling ausgegeben. Aber das ist noch lange nicht alles, was wir für unsere eigene Unterdrückung und für den Schutz unserer Klassenfeinde zahlen müssen: die Schober-Polizei, die Gendarmerie. Wir, das Proletariat, haben also für unsere Bewachung und Niederhaltung, für die legale Bürgerkriegsarmee der Bourgeoisie die Summe von 203 Millionen Schilling zu zahlen.

Arbeitslosen-Zeitung, Jänner/Februar 1930

den Personen der großen Stände und aus den fähigsten und den bewährtesten Männern unserer Volksvertretung gebildet wird.
Wir kämpfen gegen die Zersetzung unseres Volkes durch den marxistischen Klassenkampf und liberal-kapitalistische Wirtschaftsgestaltung.
Wir wollen auf berufsständischer Grundlage die Selbstverwaltung der Wirtschaft verwirklichen.
Wir werden den Klassenkampf überwinden, die soziale Würde und Gerechtigkeit herstellen.
Wir wollen durch eine bodenstarke und gemeinnützige Wirtschaft den Wohlstand unseres Volkes heben."

Schober, damals noch Bundeskanzler, war wütend über diesen Eid und ließ den Stabschef der Heimwehr, Major Waldemar Pabst, verhaften und, weil dieser kein österreichischer Staatsbürger war, ausweisen. Im Oktober des Jahres sollte der neue Innenminister Fürst Starhemberg, selbst ein hoher Heimwehroffizier, diese unpopuläre Entscheidung wieder aufheben. Als dann auch noch die Strafella-Affäre dazukam, trat Schober zurück, und Vaugoin wurde von Bundespräsident Miklas mit der Bildung einer neuen Regierung beauftragt, in der ein gewisser Dr. Franz Hueber, ein Schwager des deutschen Naziführers Hermann Göring, Justizminister war und Ignaz Seipel als Außenminister und Vizekanzler fungierte. Lange kann diese Regierung nicht am Wiener Ballhausplatz amtieren, denn am 9. November gibt es Neuwahlen: Die Christlichsozialen kommen nur auf 66 Mandate, können aber weiter mit dem Schober-Block, 19 Mandate, und dem Heimatblock, 8 Mandate, regieren. Die Sozialdemokraten bleiben mit 72 Mandaten als stärkste österreichische Partei in der Opposition. Bei diesen letzten Nationalratswahlen im freien Österreich treten zum ersten Mal auch die Nationalsozialisten bundesweit an, verfehlen aber mit 111 000 Stimmen, also knapp drei Prozent, den Einzug ins Parlament am Ring. Zur selben Zeit steigern sie sich in Deutschland bei Wahlen von 2,5 auf 18,3 Prozent und ziehen mit 107 Mandaten in den Reichstag ein.

Man ist hochgradig politisiert im Wien des Jahres 1930, aber wer immer will, kann auch der Politik den Rücken zuwenden und sich einen schönen Tag in der Stadt machen. 1930 kommen die ersten vier Tonfilme in die Wiener Kinos, und zum ersten Mal kann man die Kino-Wochenschau „Österreich in Bild und Ton" sehen. Willi Forst ist in seiner ersten großen Filmrolle in „Atlantic" zu bewundern, und die Kinos können über Besuch nicht klagen: 30 Millionen Besucher füllen in diesem Jahr die engen Sitzreihen.

Wer lieber in den Zirkus geht, kann sich im Mai den Riesenzirkus „Krone" im Wiener Prater ansehen, der in bester amerikanischer Manier alles bietet, was dem Publikum gefällt. Im Riesenzelt gibt es drei Manegen und eine Rennbahn; 500 exotische Tiere treten auf, drei Musikkapellen musizieren, und drei Regisseure sorgen für den geordneten Ablauf des Programms, bei dem man unter anderem einen tollkühnen Dompteur sehen kann, der sich gleichzeitig mit 36 Raubkatzen im Käfig tummelt. Dazu gibt es noch ein waghalsiges „römisches Wagenrennen" zu sehen, 80 leichtbekleidete „Krone-Girls" tanzen, und man staunt über die 20 Elefanten und die 60 Pferde, die der Zirkus aufbieten kann.

Auch die Sportfans kommen in diesem Jahr auf ihre Rechnung: Rapid, beliebtester Wiener Fußballklub und österreichischer Meister des Jahres 1930, wird erster österreichischer Sieger im seit 1927 bestehenden Mitropacup. Der legendäre Wiener Eiskunstläufer Karl Schäfer gewinnt in New York zum ersten Mal den Weltmeistertitel im Eiskunstlauf, in derselben Stadt, in der der deutsche Boxer Max Schmeling völlig überraschend den bisherigen Champion Sharkey schlägt und selbst Weltmeister im Schwergewicht wird.

Auch das kulturelle Leben in der Hauptstadt der jungen Republik bietet nach wie vor besondere Höhepunkte: Am 30. März wird die Oper „Wozzeck" von Alban Berg in der Staatsoper unter dem Dirigenten Clemens Krauss uraufgeführt, die Bühnenbilder stammen vom Wiener Architekten Oskar Strnad, die Hauptpartien singen Josef Manowarda und Rose Pauly. Die teuerste Loge kostet an diesem Abend 136 Schilling, die billigsten Stehplätze auf der Galerie 1,50 Schilling. Am 29. März hat Karl Schönherrs Drama „Herr Doktor, haben Sie zu essen?" im Burgtheater Premiere, am 28. Oktober Georg Kaisers bewegende Parabel „Die Bürger von Calais" und am 6. Dezember Franz Werfels Tragödie „Das Reich Gottes in Böhmen".

Wer es sich leisten kann, fährt im Sommer nach Salzburg zu den Festspielen, bei denen sechs Opern, davon fünf im Festspielhaus, zur Aufführung kommen. Clemens Krauss dirigiert den „Rosenkavalier" von Richard Strauss und Mozarts „Hochzeit des Figaro", Franz Schalk leitet Mozarts „Don Giovanni" und Beethovens „Fidelio", während Bruno Walter Donizettis „Don Pasquale" und Glucks „Iphigenie in Aulis" dirigiert, letzteres Werk mit der Choreographie der großartigen Wiener Tänzerin Grete Wiesenthal.

Auf dem Gebiet der Literatur erlebt im Verlag Rowohlt der erste Band eines Jahrhundertwerkes seine Erstveröffentlichung: „Der Mann ohne Eigenschaften" von Robert Musil. Hier wird auf einzigartige Weise die Welt der untergehenden Donaumonarchie, der Zerfall der Wertordnungen sowie der Konflikt zwischen Rationalität und Irrationalität mit denkerischer Genauigkeit und beinahe wissenschaftlicher Akribie beschrieben.

Im selben Jahr erscheint auch einer der ersten Romane von Karl Heinrich Waggerl, „Brot", in dem er – stark beeinflußt von Knut Hamsun – ein Bild von der harten Welt des bäuerlichen Lebens in den kargen Alpentälern Salzburgs zeichnet. Ein Buch, das in seinem ideologisch verzerrten Lob des Landlebens die Konjunktur dieser Art von Heimatliteratur im Ständestaat einleitet.

Morgens geh ich aus dem Hause,
hab zeriss'ne Schuhe an,
und mein arbeitsloser Vater
sieht mich stumm und traurig an.

Mittags gibt es Brot und Suppe
und Kartoffeln dann und wann,
und mein arbeitsloser Vater
sieht mich stumm und traurig an.

Abends macht es dann
der Hunger,
daß ich lang nicht schlafen kann,
und mein arbeitsloser Vater
sieht mich stumm und traurig an.
Willy Miksch, Von euch vielen bin ich einer

Viele Wiener werden von diesen Werken kaum gewußt haben, gibt es doch eine Menge anderer Schlagzeilen im Jahre 1930: So stirbt am 23. Februar im Alter von 71 Jahren die „resche" Frau Anna Sacher. Sie war schon zu Lebzeiten mit ihrer Zigarre und ihrem beherzten Auftreten eine Wiener Legende geworden. Jederzeit konnte sie es sich erlauben, die Neureichen, die Spekulanten oder Schieber vor die Türe ihres Hotels zu weisen. Und sie hatte allen Grund, darauf stolz zu sein, hatte sie doch den Mythos vom Hotel Sacher als dem ersten Haus in Wien geschaffen, indem sie es nach dem Tode ihres Mannes Eduard übernommen und verstanden hatte, diese Wiener Institution auch über die Wirren des Ersten Weltkrieges hinüberzuretten.

Sigmund Freud veröffentlicht seine Studie „Das Unbehagen in der Kultur" und Joseph Roth seinen wehmütigen Roman „Hiob", während im Deutschen Reich Alfred Rosenbergs offiziöse NS-Kampfschrift „Der Mythos des 20. Jahrhunderts" erscheint.

Am 31. Oktober kennen die Wiener Zeitungen nur ein Thema, wieder ist einem Österreicher der Nobelpreis verliehen worden: Karl Landsteiner, der die Auszeichnung erhält, ist seit 1911 Professor am Institut für Pathologische Anatomie der Universität Wien und Entdecker der Blutgruppen – ohne seine bahnbrechende Arbeit wäre eine Bluttransfusion nicht möglich geworden. Landsteiner ist schon der vierte Österreicher der Ersten Republik, der diese höchste Auszeichnung der Wissenschaft erhält. Vor ihm wurden damit 1923 Viktor Pregl und 1925 Richard Adolf Szigmondy jeweils für Chemie sowie 1927 Julius Wagner-Jauregg für Medizin ausgezeichnet.

In ganz Österreich werden im Jahre 1930 stolze 5 941 Automobile erzeugt, und seit September des Jahres verfügt die Republik auch über eine eigene Erdölförderung, und zwar bei Zistersdorf im Marchfeld, wo man eine erste Ölquelle erbohrt hat. Auch neue Straßen werden geplant, unter anderem beginnt man den Bau der Straße über den Großglockner, einerseits als Programm zur Arbeitsbeschaffung, andererseits um den stagnierenden Tourismus in Österreich anzukurbeln. Im Juni und Juli verheeren große Heuschreckenschwärme Österreich und vernichten an manchen Orten die Ernte völlig.

Anton Wildgans aber, der dieses Jahr mit einer so fulminanten Rede auf Österreich begonnen hat, wird im Juli 1930 zum zweiten Mal, nach 1921, Direktor des Wiener Burgtheaters. Wildgans, der Sohn eines k. k. Ministerialvizesekretärs im Ackerbauministerium, hat im Grunde eine gute Hand für das Haus am Ring. Die Zuschauerzahlen steigen und steigen, mit ihnen jedoch auch die Kosten, da Wildgans darauf beharrt, den Spielplan allein nach künstlerischen Gesichtspunkten auszurichten und nicht nach den kommerziellen Erfordernissen. Er bleibt daher nur sechs Monate Direktor des Burgtheaters, und eine der Anekdoten über seine Spielzeit charakterisiert auch treffend den Grund dafür: Als am 28. Oktober die

---

Unglückliches Land – unglücklichere Hauptstadt! Abgeschnitten vom Zustrome immer neuen Mischblutes, das deine freie, heitere, menschliche Art bewirkte, erscheinst du über kurz oder lang nur noch der bajuvarischen Inzucht preisgegeben. Heute noch edle Scherbe eines Großstaates, bist du unaufhaltsam auf dem Weg, dich in eine neue Eidgenossenschaft zu verwandeln, eine Schweiz der Komfortlosigkeit.

Anton Kuh

Uraufführung von Georg Kaisers „Die Bürger von Calais" stattfindet, erklärt er in vertrautem Kreise: *„Damit hoffe ich, die Kasse wieder einmal kräftig zu schädigen."* Als Antwort auf die Finanzkrise, in die er das Theater so bedenkenlos stürzte, meinte das „Neue Wiener Journal": *„Eine stattliche Armee von Steuerzahlern ist bereits entschlossen, die Lösung der Burgtheaterkrise durch Anzünden des Prunkbaues am Ring herbeizuführen."* Aber wie sagte Wildgans schon vorausblickend am Beginn des Jahres? Lieber das Brot trocken essen, als seine Ideale für Butter verkaufen! – Noch war es möglich, in Österreich so zu denken, im Jahre 1930.

1931 – Die Spirale der Gewalt: Parteienhaß, Polit-Morde, Putsch ...

Die Schlagzeile des Jahres in der „Neuen Freien Presse" vom 12. Mai 1931 lautete: „Eine abgewendete Finanzkatastrophe." – Tatsächlich war die größte österreichische Bank, die Creditanstalt, in diesen ersten Maitagen nur knapp dem Zusammenbruch entgangen. Und das, obwohl ihr Hauptaktionär Louis Rothschild war, einer der reichsten Männer Österreichs und Mitglied jener internationalen Bankiersfamilie, die die Finanzen Europas seit der Zeit Napoleons wesentlich mitbestimmte. Am 8. Mai mußte der Finanzminister Otto Juch der Regierung mitteilen, daß die Creditanstalt ihr letztes Geschäftsjahr mit einem Verlust von 140 Millionen Schilling abgeschlossen hatte.

Begonnen hatte das Desaster aber schon früher, nämlich am 6. Oktober 1929. An diesem Tag brach eine andere Bank zusammen, die Bodencreditanstalt, zu der so große Industriebetriebe wie die Alpine-Montan-Gesellschaft und die Steyrwerke, Österreichs bedeutendster Hersteller von Automobilen, gehörten. Der damalige Bundeskanzler Schober handelte schnell: Er rief die Direktoren der Creditanstalt zu sich, an ihrer Spitze Louis Rothschild, und zwang sie, ohne Prüfung der Bilanzen, ohne Wenn und Aber, die Bodencreditanstalt zu übernehmen. Noch am selben Tag gefragt, ob er dazu Louis Rothschild nicht eine Pistole an die Brust setzen habe müssen, soll Schober geantwortet haben: *„Eine Pistole? Eine Kanone, meine Herren, eine Kanone!"*

Vielleicht hätte die Creditanstalt, die in Mitteleuropa und in Osteuropa aufgrund ihrer noch aus der k. u. k. Zeit stammenden Verbindungen sicher die größte und bedeutendste Bank war, diesen Brocken verdauen können, wäre es nicht 1929 zur Weltwirtschaftskrise gekommen. So ist sie 1931 selbst am Ende. Man versucht zwar, die Bevölkerung und die ausländischen Einleger durch Staatsgarantien zu beruhigen, aber umsonst. Wer immer kann, ob im Inland oder im Ausland, holt sein Geld von der Creditanstalt und transferiert es in meist ausländische Banken. Karl Farkas, der zu dieser

Jahrelang die Bauern aufhetzen,
jahrelang auf Straßen und Plätzen
Wien verfluchen – Die rote Gefahr!
und kein Wort davon,
wer es eigentlich war,
der Österreich
in den Kriegstaumel riß . . .
kein Wort von den Göttern der Finsternis . . .
Teuerung . . . Kirchenglocken . . . Tumult.
Wien! Das marxistische Wien ist schuld!
   Theobald Tiger (= Kurt Tucholsky)

Wenn wir Heimat sagen, so sehen wir im Geiste und fühlen wir im Herzen – ob wir auch seit Geschlechtern der Großstadt angehören – doch immer noch Land und Erde: ein Dorf um alte Linden herum im Tal, ein einsames Gehöft auf sonnseitiger Lehne im Gebirge, die Kleinstadt am schmalen, holzüberbrückten Flusse, einen spitzen Kirchturm am Rande der Ebene wahrzeichenhaft emporragend, zarte Hügelbläue am Horizont und, zwischen Ferne und Ferne, die Landstraße! Von der Großstadt als Heimat redet eigentlich nur der amtliche Sprachgebrauch. Ist dies deshalb so, weil es mit dem Großstädtertum der meisten Großstadtmenschen nicht allzu weit, nicht allzu lange her ist? Oder ist jene Sprache, die Land denkt, wenn sie Heimat sagt, die Sehnsuchtssprache des Blutes, das wir von bäuerlichen oder kleinbürgerlichen Vorfahren in uns haben? Es mag schon etwas zutiefst Richtiges daran sein, daß man bei Großstadt nicht an Heimat denkt. Hausen wir denn in ihr noch auf der alten, lieben, festgegründeten Erde? Sind wir in ihren Zinskasernen nicht neben-, unter- und übereinandergepfercht und von der Erde weggeschachtelt wie in Käfigen? Ist uns der Himmel, sind uns Aufgang und Untergang nicht verbaut? Und, was in der Großstadt unsere Füße treten, hat es noch etwas gemeinsam mit dem Stoffe, der Keime treibt und Quellen birgt? Sind es nicht sohlenschmerzende Panzerungen aus Granit oder Asphalt? Und dennoch kann auch die Großstadt Heimat sein, wenn auch freilich mit der unterbewußten Beziehung auf Umgebung, auf Land und Erde.

Anton Wildgans, Die alte Josefstadt

Zeit gerade den Sigismund Sülzheimer in der Operette „Das weiße Rössel" verkörpert, kann es nicht lassen, eines Abends auf der Bühne boshaft zu extemporieren: *„Leute mit Plattfüßen sind jetzt die Glücklichsten. Sie sind die einzigen, die ihre Einlagen herausnehmen können!"*

Die Oesterreichische Nationalbank verliert bei ihrem Versuch, der Entwicklung Einhalt zu gebieten, den Großteil ihrer Gold- und Devisenreserven. Der Staat muß in der Folge die Devisenbewirtschaftung in Österreich einführen. Der österreichische Staatshaushalt, in den letzten Jahren immer an der Grenze zum Umkippen, gerät nun völlig aus der Balance, und schließlich muß die Regierung Ender im Juni 1931 zurücktreten.

Neuer Bundeskanzler wird der Agrarfachmann Karl Buresch; die eigentlichen Verhandlungen zur Regierungsbildung aber führt Ignaz Seipel, der in dieser schwierigen Situation den Sozialdemokraten das verlockende Angebot einer großen Koalition mit den Christlichsozialen macht. Die Verhandlungsführer der Sozialisten, Otto Bauer und Karl Renner, lehnen jedoch einhellig ab. Sie wollen nicht *„die Geschäfte des zusammenbrechenden Kapitalismus mitadministrieren"*. War diese Entscheidung vielleicht der verhängnisvollste Fehler der Sozialisten in der Ersten Republik?

Schweifen die Augen der Leser am 12. Mai ein wenig von der Titelzeile der „Neuen Freien Presse" ab, so fällt der Blick auf eine ganze Reihe von Inseraten, die den Duft der großen weiten und zusehend näherrückenden Welt atmen: Man kann zum Beispiel in nur sechs Stunden von Wien nach Paris zur großen Kolonialausstellung fliegen. Oder man kann in nur sechs Tagen, davon dreieinhalb auf hoher See, den Atlantik an Bord des 42 500-Tonnen-Schiffes „Express of Britain" überqueren, zu buchen bei der Gesellschaft „Canadian Pacific", die ihr Büro am Opernring 6 hat.

Und ganz groß steht am Titelblatt angekündigt: Maurice Chevalier in dem Tonfilm „Der große Teich", zusammen mit Claudette Colbert als Partnerin. Der temperamentvolle Franzose mag sicherlich seine Anhänger gefunden haben, die Gemüter erhitzen sich aber in diesem Jahr wegen eines ganz anderen Streifens: Aus Amerika kommt die skandalumwitterte Verfilmung des Romans von Erich Maria Remarque „Im Westen nichts Neues". Bereits 1929 hatte Heeresminister Carl Vaugoin den Roman mit der Begründung, daß *„in demselben die Schattenseiten des Krieges in widerlich übertriebener Weise geschildert werden, dagegen mit keinem Worte der erhebenden und idealen Seite desselben gedacht werde"*, für die österreichischen Heeresangehörigen verboten. 1930 verlangt der christlichsoziale Abgeordnete Kurt Schuschnigg *„. . . im Zeichen der allgemeinen moralischen, der vaterländischen und nationalen Anständigkeit"* eine Aufführungssperre des schockierenden Kriegsdramas. Viele Bundesländer folgen auch dieser Aufforderung und verbieten den Film, in Wien läßt Bürgermeister Seitz die Aufführungen jedoch zu, worauf 30 000 Sozialdemokraten bei der sozialistischen „Kunststelle" Karten erwerben. Am 3. Jänner 1931 ist es soweit: Im Wiener Apollokino kommt es zur österreichischen Uraufführung von „Im

Westen nichts Neues". Tumulte brechen daraufhin aus, Christlichsoziale und Nazis demonstrieren, Straßenbahnen werden beschädigt und die Schaufenster jüdischer Geschäfte eingeschlagen. Am 6. Jänner versuchen Nationalsozialisten eine Brandstiftung im Apollokino, bei den Aufführungen ab 7. Jänner im Schwedenkino im 2. Bezirk werden Feuerwerkskörper in die Menge geworfen und Tränengas versprüht. Am 10. Jänner 1931 erläßt der Innenminister ein „Aufführungsverbot für den Remarquefilm im ganzen Bundesgebiet". Die Sozialisten wehren sich entschieden gegen das Aufführungsverbot und organisieren in der Folge Sonderfahrten nach Preßburg, wo der Film viele Wochen lang unbehindert in den Kinos läuft: die „Arbeiter-Zeitung" spricht von einer „Kapitulation der Regierung vor dem Hakenkreuzterror".

Auch zu einem anderen Film strömen die Wiener in Massen: Ein neues großes Kino, die „Scala", wird im ehemaligen Johann-Strauß-Theater auf der Wieden eröffnet. Zu diesem Anlaß präsentiert man das Traumpaar des deutschsprachigen Filmes, Willi Fritsch und Lilian Harvey, in der Welturaufführung des Ufa-Filmes „Der Kongreß tanzt", dessen Walzerklänge und bittersüße Liebesgeschichte die Menschen die Krisen des Staates und ihren persönlichen Kummer für kurze Zeit vergessen lassen. Auch in das Wiener Apollokino kehrt wieder Ruhe ein, statt dem Tod auf dem Schlachtfeld zeigt man Peter Lorre als geheimnisvollen Mörder in Fritz Langs Erfolgsfilm „M – Eine Stadt sucht einen Mörder".

Demonstriert wird aber allerorten, und immer wieder kommt es zu schweren Ausschreitungen. Als am 20. Mai sozialistische Studenten auf der Rampe der Universität Flugzettel verteilen wollen, kommt es zu einer wüsten Schlägerei mit nationalsozialistischen Studenten. Gleiches wiederholt sich in den nächsten Tagen, so daß schließlich die Polizei die Uni-Rampe besetzen muß, um weitere Ausschreitungen zu verhindern.

All diese Ereignisse finden auch ihren kabarettistischen Niederschlag, und es ist kein Zufall, daß gerade in dieser Zeit die Welt der Kleinkunstbühnen floriert. Am 7. November eröffnet Stella Kadmon das Kabarett „Der liebe Augustin", in dem sich später so bekannte Schauspieler wie Fritz Muliar, Fritz Eckhardt und Gusti Wolf ihre ersten Erfahrungen auf der Bühne holen. Als Hausdichter agiert der „Ringelnatz von Wien", Peter Hammerschlag. Daneben gibt es noch das „ABC" im Künstlercafé „City" in der Porzellangasse und in der Billrothstraße in Wien-Döbling die „Stachelbeere", während Rudolf Weys für die „Literatur am Naschmarkt" im Café Dobner die Texte schreibt. An der Wiener Oper werden am 20. Juni „Die Bacchantinnen" von Egon Wellesz uraufgeführt, der auch das Libretto dazu, eine freie Nachdichtung des gleichnamigen Stoffes von Euripides, selbst geschrieben hat. Beliebtheit kann das Stück bei den Wiener Opernbesuchern keineswegs erringen – sie verspotten es als die „Nebochantinnen".

Bei den Salzburger Festspielen werden nicht weniger als elf verschiedene Werke aufgeführt. Am 8. August debütiert hier als Erster Knabe in Mozarts

> Die Einheit des manipulierten Kollektivs besteht in der Negation jedes einzelnen, es ist Hohn auf die Art Gesellschaft, die es vermöchte, ihn zu einem zu machen. Die Horde, deren Namen zweifelsohne in der Organisation der Hitlerjugend vorkommt, ist kein Rückfall in die alte Barbarei, sondern der Triumph der repressiven Egalität, die Entfaltung der Gleichheit des Rechts zum Unrecht durch die Gleichen. Der Talmi-Mythos der Faschisten enthüllt sich als der echte der Vorzeit, insofern der echte die Vergeltung erschaute, während der falsche sie blind an den Opfern vollstreckt. Jeder Versuch, den Naturzwang zu brechen, indem Natur gebrochen wird, gerät nur um so tiefer in den Naturzwang hinein. So ist die Bahn der europäischen Zivilisation verlaufen.
>
> *Max Horkheimer/Theodor W. Adorno, Dialektik der Aufklärung*

„Zauberflöte" eine erst einundzwanzigjährige Sängerin, die später zu einem gefeierten Star der internationalen Opernbühnen werden sollte: Maria Cebotari.

In der Wiener Oper wird aber nicht nur gesungen, vor der Oper wird auch geschossen: Zwei Offiziere seiner eigenen Armee erwarten am 20. Februar den albanischen König Achmed Zogu I. vor dem Bühnentor der Oper, in der gerade die Aufführung des „Bajazzo" von Leoncavallo und der „Josephslegende" von Richard Strauss zu Ende gegangen ist, und eröffnen ohne Vorwarnung das Feuer auf ihren König. Achmed Zogu bleibt zwar unverletzt, sein Adjutant, der sich den Attentätern mutig entgegenstellt, stirbt im Kugelhagel der Attentäter.

Auch im Zirkus kann man im Februar 1931 in Wien etwas Besonderes sehen: das Gastspiel des Zirkus „Busch" im Prater, der seine größte Attraktion als „Circus unter Wasser" ankündigt und mittels einer ausgeklügelten Technik 500 000 Liter Wasser in wenigen Minuten in die Manege stürzen lassen kann.

> Viertausend Sportgenossen und Sportgenossinnen werden sich zusammenfinden, um dieses gigantische Kunstwerk zu gestalten. Der Rahmen dieses Festspiels ist der denkbar günstigste: Das Wiener Stadion ist in seiner monumentalen Schönheit wie geschaffen für den Aufbau dieses Festspiels, das in Wien keinen Vorläufer aufweisen kann.
> *Die Arbeiter-Zeitung zur Eröffnung des Wiener Stadions, 1931*

Die Attraktion der Stunde ist jedoch zweifellos der Fußball. Seit dem 11. Juli 1931 steht den Fans ein neues großes Stadion zur Verfügung, das Praterstadion. Die „Arbeiter-Zeitung" beschreibt diese neue Heimstätte des Wiener Fußballs in überschwenglichen Worten gar als „eine Burg der Zivilisation in blühender Urwaldromantik". Die gesamte Prominenz der Republik gibt sich bei der Eröffnung des vom Architekten Otto Erich Schweizer errichteten Bau ein Stelldichein: Bürgermeister Karl Seitz, Bundespräsident Miklas und der ehemalige Bundespräsident Hainisch sind anwesend. Eröffnungsredner ist der Wiener Gesundheitsstadtrat Julius Tandler, dann wird das Stadion mit dem Fußballspiel einer Auswahl der Arbeitersportvereine gegen eine niederösterreichische Vertretung auch vom Sport in Besitz genommen. Die erste Bewährungsprobe erlebt das Bauwerk bereits eine Woche später. Ab 19. Juli feiern 80 000 Arbeitersportler aus der ganzen Welt in Wien die zweite Arbeiterolympiade, während gleichzeitig im Wiener Konzerthaus der Weltkongreß der Sozialistischen Internationale mit so berühmten Delegierten wie Leon Blum, Otto Wels, Emile Vandervelde und James Maxton tagt. Bei den Wettkämpfen werden zwar Sieger festgestellt, nach sozialistischer Tradition gibt es aber keine Medaillen oder Preise. Die Höhepunkte des Festes bilden das gewaltige Schauturnen mit mehr als 10 000 Teilnehmern am Trabrennplatz vor der Rotunde und das große Festspiel im Stadion, bei dem mehr als 4000 Mitwirkende die Geschichte der Arbeiterbewegung in lebenden Bildern darstellen.

Berühmt geworden ist das Stadion aber als Heimstätte des österreichischen Fußball-Wunderteams, dessen erste Siege in das Jahr 1931 fallen. Der Vater des Wunderteams war Hugo Meisl, aber eigentlich – so berichtet die Überlieferung – waren es die Wiener Sportjournalisten, die dieses großartige Team geschaffen haben. Ihre Vorschläge zur Aufstellung des Nationalteams gingen Meisl eines Tages so auf die Nerven, daß er die Reporter bat, doch selbst ein Team auf die Beine zu stellen. Als dieses am 16. Mai gegen Schottland zum ersten Mal auf den Rasen lief, soll er ihnen zugerufen haben: *„Da habt's euer Schmieranski-Team!"* Doch das Unerwartete trat ein: Österreich schlägt Schottland mit 5:0, die Schweiz mit 7:0 und schießt am 14. September die Deutschen, die man zuvor schon in Berlin mit 6:0 geschlagen hat, ebenfalls mit einem 5:0 vom Platze. An diesem Tag spielen Hiden, Schall, Smistik, Zischek, Blum, Vogel, Gschweidl, Gall, Rainer, Mock und Sindelar, dem die Wiener wegen seiner Schmächtigkeit den liebevollen Spitznamen „Der Papierene" verliehen haben. Bis 1934 dauert die große Zeit des Wunderteams; 14 Spiele lang bleibt die Mannschaft ungeschlagen.

Im selben Jahr wird zum ersten Mal der älteste Wiener Fußballklub, die Vienna, Fußballmeister, und 1931 finden erstmals, allerdings noch inoffizielle, Schiweltmeisterschaften im Schweizer Mürren statt. Inge Lantschner und Toni Seelos gewinnen Silber im Slalom, Irma von Schmiedegg Bronze in der Abfahrt. Auch im Eishockey feiert Österreich Erfolge: Die Nationalmannschaft wird Europameister und belegt bei den Weltmeisterschaften hinter Kanada und den USA den 3. Platz. In Berlin wird Karl Schäfer zum zweiten Mal Weltmeister im Eiskunstlauf.

Sport dient 1931 auch zur Beruhigung und Ablenkung der Menschen, und diese ist notwendig wie nie zuvor. Bedingt durch den nur mühsam aufgefangenen Zusammenbruch der Creditanstalt muß die Bundesregierung eine ganze Anzahl einschneidender Maßnahmen setzen: Die Bezüge der Beamten werden gekürzt, getreu dem alten Motto: *„Der Beamte hat zwar nix, aber was er hat, das hat er fix."* Eine Krisensteuer wird eingeführt, die Salz- und Tabakpreise, die Zölle für Kaffee und Tee werden erhöht. Auch die Bundesbahnen erhöhen ihre Tarife, und der Ministerrat berät über die Entlassung Tausender von Bundesbeamten.

Nachdem Ender als Bundeskanzler zurückgetreten ist, sieht sich die neue Bundesregierung unter Karl Buresch gezwungen, dem Völkerbund in Genf die wirtschaftliche Lage Österreichs in einer Note ausführlich darzulegen. Dieser bestellt daraufhin den Niederländer Meinoud Roust van Tonningen als Finanzkontrolleur für Österreich.

Auch die Gemeinde Wien steckt nun in Finanznöten, ihr Haushalt weist einen Fehlbetrag von 94,5 Millionen Schilling auf; nicht zuletzt deshalb, weil die im Jänner 1931 beschlossene 7. Abgabenteilungsnovelle den Verteilungsschlüssel der Bundeseinnahmen zuungunsten Wiens, das den christlichsozialen Finanzministern wegen seiner sozialistischen Regierung immer ein Dorn im Auge war, änderte. Dennoch kann in Wien noch weiter feierlich eröffnet werden – so die neue Augartenbrücke über den Donaukanal oder die Sonderabteilung für Strahlentherapie im Lainzer Krankenhaus, für deren Ausstattung entsetzlich teure fünf Gramm Radium angeschafft werden mußten.

> Bei jedem großen Länderwettspiel können sie das Wesen des Nationalismus in einer grandiosen Zusammendrängung erleben, ja als Teilchen der Masse werden sie sich kaum selbst dem Siegesrausch entziehen dürfen. Der Anblick des tobenden Tieres beweist uns, daß der Nationalismus nicht irgendeine erdachte Theorie ist, sondern ein dunkelriesenhafter Affekt, in dem sich die kollektive Eitelkeit, der gereizte Geltungswille der Masse selbst befriedigt.
> *Franz Werfel über ein Ländermatch im Wiener Stadion*

Auch am Himmel gibt es Neues zu sehen: Insgesamt dreimal kommt in diesem Jahr das Luftschiff „Graf Zeppelin" nach Wien und landet am Flugfeld in Wien-Aspern. Am 15. Oktober hält der bekannte Höhenforscher Piccard in Wien einen Vortrag und berichtet, wie es ihn von Augsburg in 16 000 Meter Höhe getragen hat, ehe er auf dem Gurgler Ferner in Tirol am 28. Mai landen konnte. Zwei Tage vorher ist Albert Einstein zu Gast und versucht in aller Kürze, den aufgeschlossenen Wienern die Relativitätstheorie zu erklären.

Aus der Wiener Chronik gibt es für das Jahr 1931 noch zwei große Brände zu berichten: Am 28. Mai brennt die Ankerbrotfabrik ab und am 19. Juli das Brigittenauer Roxytheater. Im September kommt es nach einem sehr heißen Sommer zu einem plötzlichen Kälteeinbruch, der vor allem die Schwalben gefährdet. Kurzerhand sammelt man in Wien 60 000 erstarrte Tiere ein, setzt sie in ein Flugzeug nach Venedig und läßt sie dort frei, ein Triumph des tierliebenden, goldenen Wienerherzens, wie die Zeitungen vermelden.

Die Bücherfreunde können sich in diesem Jahr über einige neue Werke österreichischer Literatur freuen. Hermann Broch, der wie Musil essayistische Überlegungen zum Zerfall der Werte in der Gesellschaft anstellt, publiziert den ersten Teil seines Romanes „Die Schlafwandler" über die Zeit des wilhelminischen Deutschland, getreu seiner Devise, daß „der Roman der Spiegel aller übrigen Weltbilder zu sein hat". Manch einer mag der „guten alten Zeit", von der diese Romane so kritisch handeln, nachgetrauert haben, besonders angesichts der 326 000 Arbeitslosen in Österreich; das sind um 24 Prozent mehr als ein Jahr zuvor, wovon allein auf Wien 86 427 Arbeitslose entfallen, noch nicht dazugezählt die beinahe 100 000 Ausgesteuerten, die keine Unterstützung von seiten des Staates mehr erfahren.

In dieser angespannten Lage gedieh vor allem bei rechtsextremen Politikern der Gedanke an einen Staatsstreich: So putscht am 13. September der Führer der steirischen Heimwehr, Walter Pfrimer aus Judenburg, und ruft auf eigene Faust in der Steiermark die Diktatur aus. Das Bundesheer hat aber kaum Mühe, die „besoffene G'schicht", wie man sie später nennen wird, an einem einzigen Tag niederzuschlagen. Immerhin fordern örtliche Kämpfe zwischen Heimwehr und Republikanischem Schutzbund auch Tote und Verwundete. Auch einige hundert Wiener Heimwehrmänner versammeln sich an geheimen Treffpunkten am Bisamberg, gehen aber, als keine Befehle der Leitung eintreffen, bald wieder nach Hause.

Der 13. September ist überhaupt ein bemerkenswerter Tag. Im Volkstheater gibt es die Erstaufführung des Stückes „Phäa" des Dramatikers Fritz von Unruh, in dem zum ersten Mal eine unbekannte kleine Schauspielerin aus Düsseldorf namens Louise Rainer auftritt, die später eine märchenhafte Karriere in Hollywood machen wird. Am selben Tag, gegen ein Uhr früh, sprengt ein Verrückter in Ungarn den Eisenbahnviadukt von Bia-Tor-

---

Groß ist die Angst des Menschen, der sich seiner Einsamkeit bewußt wird und aus seinem eigenen Gedächtnis flüchtet; ein Bezwungener und Ausgestoßener ist er, zurückgeworfen in tiefste kreatürliche Angst, in die Angst dessen, der Gewalt erleidet und Gewalt tut, und zurückgeworfen in eine übermächtige Einsamkeit, kann seine Flucht und seine Verzweiflung und seine Dumpfheit so groß werden, daß er daran denken muß, sich ein Leid anzutun, dem steinernen Gesetz des Geschehens zu entrinnen. Und in der Furcht vor der Stimme des Gerichtes, die aus dem Dunkel hervorzubrechen droht, erwacht in ihm mit doppelter Stärke die Sehnsucht nach dem Führer, der leicht und milde bei der Hand ihn nimmt, ordnend und der vorangeht auf der unbeschrittenen Bahn des geschlossenen Ringes, aufzusteigen zu immer höheren Ebenen, aufzusteigen zu immer hellerer Annäherung, er, der das Haus neu erbauen wird, damit aus Totem wieder das Lebendige werde, er selber auferstanden aus der Masse der Toten, der Heilbringer, der in seinem eigenen Tun das unbegreifbare Geschehen dieser Zeit sinnvoll machen wird, auf daß die Zeit neu gezählt werde. Dies ist die Sehnsucht.
Hermann Broch, Die Schlafwandler

bagy mitsamt dem Nachtschnellzug Budapest–Wien in die Luft, zahlreiche Menschen verlieren ihr Leben. Als Massenmörder entpuppt sich Silvester Matuschka, ein aus Südungarn stammender ehemaliger Lehrer und Weinhändler, dessen Leidenschaft darin besteht, Eisenbahnkatastrophen herbeizuführen. Unter anderem hat er zu Silvester 1930 auch versucht, bei Maria Anzbach in Niederösterreich einen Schnellzug zum Entgleisen zu bringen.

Walter Pfrimer, der nach Jugoslawien geflohen ist, stellt sich zwei Monate nach seinem Putschversuch den österreichischen Gerichten und wird von steirischen Geschworenen überraschenderweise von der Anklage des Hochverrates freigesprochen. In der Politik überschlagen sich in diesem Jahr überhaupt die Ereignisse: Im März ist der deutsche Außenminister zu einem offiziellen Besuch in Wien. Inoffiziell handelt er einen deutsch-österreichischen Zollvertrag aus, der am 19. März unterzeichnet wird, just an dem Tag, an dem in Wien eine mitteleuropäische Wirtschaftskonferenz unter Teilnahme von Deutschland, Österreich, Jugoslawien, Ungarn und der Tschechoslowakei stattfindet. Sofort protestieren Frankreich, Italien und die Tschechoslowakei gegen die Zollunion, in der sie die heimlichen Vorbereitungen zu einem Anschluß sehen. Am 3. September muß Johann Schober, damals Außenminister, in Genf erklären, daß Österreich die Zollunion mit Deutschland nicht weiter zu verfolgen gedenke.

Wien hat aber in diesem Jahr auch Anlaß zur Trauer. Am 5. Juli stirbt der angesehene Chefredakteur der „Arbeiter-Zeitung", Friedrich Austerlitz, ein unbarmherziger Streiter für das allgemeine und gleiche Wahlrecht, die Pressefreiheit und gegen die Kriegsjustiz. Am 21. Oktober folgt ihm, von der Öffentlichkeit fast unbeachtet, Arthur Schnitzler ins Grab nach, jener Mann, der die Zeit der Monarchie, die Zeit seiner unsterblichen Gestalten, des Anatol, des Leutnant Gustl und des Reigens inzwischen überlebt hatte und sich in der Republik nicht mehr ganz zurechtfinden konnte.

Die Stadt vermag aber auch weiterhin ihr fröhliches Gesicht zu zeigen: Die Operette „Im weißen Rössel" von Ralph Benatzky, den man ob seiner angeblichen Vorliebe für musikalische Anleihen auch gerne „Benützky" nennt, erlebt bereits ihre 800. Aufführung im Wiener Stadttheater in der Laudongasse, und jeder Bub auf der Gasse pfeift das Erfolgslied der Saison vor sich hin, Lilian Harveys großen Schlager „Das gibt's nur einmal, das kommt nie wieder...". Ein Lied, das den Menschen noch lange als Motto und Trost zu dienen haben wird, nicht nur den Wienern im Jahre 1931.

> Wien, Wien, nur du. Aber allein, wenn ich bitten darf.
> *Friedrich Torberg*

1932 – Dollfuß, führe uns!

Glück auf, mein Kanzler, nun führe den Streich:
Nun zimmre das neue Österreich!
Nun ist das große Wunder vollbracht,
An das noch gestern niemand gedacht:
Der rote Riese ist gefällt,
In die Falle gestürzt, die er selber gestellt.
Fran Valentin Damian

„Dieser Dollfuß" – so sagte Chojnicki – „will das Proletariat umbringen. Gott strafe mich nicht: ich kann ihn nicht leiden. Es liegt in seiner Natur, sich selbst zu begraben."
Joseph Roth, Die Kapuzinergruft

In diesem Jahr erscheint im Verlag Gustav Kiepenhauer das vielleicht schönste und traurigste Buch, daß jemals über die k. u. k. Monarchie und ihr Scheitern geschrieben wurde, Joseph Roths Roman „Radetzkymarsch". Roth, heimatlos, ständig auf Wanderschaft, stammt aus Galizien, jenem weit entfernten Teil der Monarchie, in dem der Kaiser schon zu Lebzeiten zum unangreifbaren Mythos geworden war. Mit unerschütterlicher nostalgischer Loyalität und voll wehmütigem Schmerz beschreibt Roth das Schicksal des Freiherrn Trotta von Sipolje, seines Helden, in dessen Scheitern sich schicksalhaft der nahende Untergang der Donaumonarchie manifestiert.

Aber die Zeit der Monarchie ist lange vorbei, neue Herren ziehen 14 Jahre nach dem Zusammenbruch Österreich-Ungarns über die Ringstraße, zackig, mit ledernen Schulterriemen, Schaftstiefeln und braunen Hemden. Die Nationalsozialisten haben 1932 Grund zum Feiern. Am 24. April gibt es in Wien Landtags- und Gemeinderatswahlen, und bei einer Wahlbeteiligung von 89,5 Prozent schaffen die Nazis zum ersten Mal den Einzug in den Gemeinderat. Von den 100 zu vergebenden Mandaten fallen 15 an sie, die Sozialisten können mit 66 Mandaten gerade noch ihren Besitzstand halten, während die Christlichsozialen auf 19 Mandate absacken; das ist weniger als die Hälfte ihrer vorherigen Fraktionsstärke. In Niederösterreich und in Salzburg bietet sich ein ähnliches Bild: Starken Gewinnen der Nationalsozialisten steht eine gefestigte Sozialdemokratische Partei gegenüber, das nationale bzw. bürgerliche Lager, zersplittert in Christlichsoziale, Heimwehr und Großdeutsche, wird stark dezimiert.

Aufgrund dieses Wahlergebnisses verlangen die Sozialisten und Nazis Neuwahlen. Das bürgerliche Lager, welches merkt, daß es am Rande einer schweren Niederlage steht, lehnt dies nachdrücklich ab. Der bisher glücklose Bundeskanzler Karl Buresch tritt am 6. Mai 1932 zurück, und man holt sich einen energischen, neuen Mann an die Spitze des Staates, von dem man sich besonders viel verspricht – Engelbert Dollfuß. Dollfuß ist erst vierzig Jahre alt und im Kabinett Buresch Landwirtschaftsminister gewesen. Man hat ihn zum Übergangskanzler auserkoren, aber er ist jung, unverbraucht und von ungeheurem missionarischen Eifer durchdrungen. Er verfolgt mit höchster Energie nur ein Ziel: Österreich muß weg vom demokratischen Parlamentarismus!

Die Wiener, gewohnt sich über alles lustig zu machen, können natürlich nicht daran vorbeigehen, daß Dollfuß nur 1,51 Meter groß ist. Hatten sie zuvor Ignaz Seipel wegen seiner Staatskunst als „Autrichelieu" bezeichnet, so nennen sie Dollfuß nur den „Millimetternich". Dollfuß versucht als erstes eine Anleihe des Völkerbundes in Lausanne zu bekommen und erhält auch 300 Millionen Schilling, eine Summe mit der das Land aber bei weitem nicht zufrieden sein kann. In Wien behauptet der Spott, das einzige, was der Kanzler in Lausanne erreicht habe, sei die Türklinke gewesen. Und die Nazis stört, daß die Völkerbundanleihe unter anderem auch an eine Verlängerung des Anschlußverbotes geknüpft ist ...

Aber Dollfuß hat etwas, das neu ist unter den Politikern, die im Parlament am Ring residieren: eine eigene Art, die Dinge zu sehen und durchzusetzen. Sehr schnell bringt er die Verhandlungen mit den Auslandsgläubigern der Creditanstalt-Katastrophe von 1931 zum Abschluß, der Bund hat 140 Millionen in sieben Jahresraten zu zahlen; er forciert eine Vorlage zum Doppelverdienergesetz, ein freiwilliger Arbeitsdienst wird in Österreich gegründet und Gesetze zum Schutz der Währung entstehen.

Dollfuß will nicht nur ein tüchtiger Bundeskanzler sein, er will allein die Macht im Staate. Dazu muß er das Parlament ausschalten. Ein Beamter, Sektionschef Dr. Robert Hecht, der als Spezialist für „vergessene Gesetze" gilt, weiß, wie das zu bewerkstelligen ist: Er erinnert Dollfuß an das „kriegswirtschaftliche Ermächtigungsgesetz", das seit 1917 halb vergessen in den österreichischen Gesetzbüchern vor sich hin schlummert und darauf wartet, wieder ausgegraben zu werden. Es ist eine Ironie des Schicksals, daß Robert Hecht den Staat, den er zu zerstören half, nur kurz überlebt hat: Bereits im Mai 1938 wurde er aufgrund seiner jüdischen Abstammung von den Nazis im KZ Dachau ermordet.

Mit diesem Gesetz – es heißt darin: *„Die Regierung wird ermächtigt ... durch Verordnung die notwendigen Verfügungen ... zu treffen"* – kann Dollfuß nun das Parlament umgehen, und bereits am 1. Oktober 1932 setzt der Bundeskanzler es zum ersten Mal ein. Der nächste Schlag gegen die Demokratie ist die Bestellung des Führers des Wiener Heimatschutzes, Majors Emil Fey, zum Staatssekretär für Sicherheitswesen, der sofort per Dekret alle Aufmärsche von Sozialdemokraten, Kommunisten und Nationalsozialisten verbietet.

Die linken Parteien haben aber nun gemerkt, worauf Dollfuß hinauswill, und so kommt es im Oktober 1932 zu einer denkwürdigen Parlamentssitzung. Die Christlichsozialen belegen Otto Bauer mit Ausdrücken wie „*Jud, Saujud*", die Sozialdemokraten nennen Fey einen „*Putschisten, Hochverräter und Lumpen*", Dollfuß wiederum nennt Bauer einen Bolschewiken, und der wirft ihm seinerseits ständig wechselnde Gesinnung vor. Den Höhepunkt erreicht die Sitzung, als der Heimwehrabgeordnete Lichtenegger beginnt, mit Tintenfässern auf die linke Seite des Hohen Hauses nach sozialdemokratischen Mandataren zu werfen. Nur das beherzte Einschreiten des Parlamentspräsidenten Karl Renner verhindert eine wahre Saalschlacht.

Aber nicht nur die hohen Parlamentarier greifen immer mehr zur Gewalt. Von 29. September bis 2. Oktober 1932 veranstalten die Nationalsozialisten in Wien ihren Gauparteitag, bei dessen Abschlußkundgebung bekannte Nazigrößen wie Hermann Göring, Joseph Goebbels und Ernst Röhm sprechen. Aufgeputscht durch ihre deutschen Parteigenossen, inszenieren

---

Beim Strafbezirksgericht I wurden gestern ... aus der Haft drei robuste, sehr verwegen aussehende Männer vorgeführt, die nach dem Polizeibericht seit Jahr und Tag der spezifisch wienerischen Gilde der Bierhansler, vulgo Fasseltippler angehören. Die Fasseltippler sind Leute, die aus den bereits leeren Bierfässern etwaige Bierreste herausholen, wobei ihr Handwerkszeug ein „Taxameter" ist, ein blechernes Reindl, in das sie die Bierreste schütten. Wie der Polizeibericht weiter besagt, sind die Biertippler organisiert und streng rayoniert, und wehe dem Biertippler, der in einem fremden Rayon sein Handwerk ausübt. Am 18. d. gegen zehn Uhr abends kam es vor der Jaroschauer Bierhalle im Prater zwischen den drei Biertipplern, die gestern als Häftlinge vorgeführt wurden, zu einer förmlichen Schlacht, lediglich aus dem Grunde, weil einer der Biertippler aus einem leeren Bierfaß vor diesem Gasthause die Bierreste ausschütten wollte. Die Rauferei endete damit, daß die drei Biertippler Leopold Adamsky, Johann Koller und Stephan Bistritzky mit nicht unbedeutenden Kopfverletzungen von der Rettungsgesellschaft auf die Unfallstation gebracht werden mußten ... Der Angeklagte Adamsky, der auch aus Wien abgeschafft ist, wurde zu drei Wochen Arrest verurteilt, die beiden anderen erhielten je fünf Tage Arrest.

Neues Wiener Tagblatt,
21. Mai 1932

23

die Nationalsozialisten am 16. Oktober einen Propagandamarsch durch die sozialdemokratische Hochburg Simmering. Die Arbeiter wollen sich diese ungeheure Provokation nicht bieten lassen und bewerfen die Nazis mit Steinen, und plötzlich kommt es vor dem Arbeiterheim in der Drischützgasse zu einem Schußwechsel, der vier Menschen das Leben kostet. Ähnliche Zusammenstöße hat es bereits zuvor in den Bundesländern gegeben, in Hötting (Innsbruck) und in Göß in der Steiermark. Die Toten von Simmering sollten der drohend aufziehenden Epoche der Brutalität bereits den Weg weisen. Die Nazis werden nun immer aktiver: Ihre nächste aufsehenerregende Aktion trifft am 18. Dezember das bekannte Kaufhaus Gerngroß in der Wiener Mariahilfer Straße, das sich in jüdischem Besitz befindet. An diesem Tag, es ist der letzte lange Einkaufssamstag vor Weihnachten, werfen sie von der Galerie des Zentralraumes, in dem sich auch die erste Rolltreppe Wiens befindet, Stinkbomben und Tränengas in die Menge. Die darauffolgende Panik fordert zahlreiche Verletzte.

> Wer Wien mit der Aspangbahn verläßt, sieht nach wenigen Minuten Fahrt zu seiner Linken 55 Baracken, die aus der Kriegszeit stammen. Niemand ahnt, welche Not und welches Elend in diesem Lager zu finden ist. Fünfzehn bis neunzehn Familien wohnen in jeder Baracke, die meisten mit sechs bis zehn Kindern, beide Eltern arbeitslos, der Großteil sogar ausgesteuert . . . Besucher konnten mitansehen, wie sich sechs, sieben Kinder um das letzte Stücklein Brot rauften.
> *Reichspost, 14. Februar 1932*

Zahlreiche Menschen aber müssen im Dezember 1932 an den erleuchteten Schaufenstern der Kaufhäuser Gerngroß und Herzmansky vorbeigehen, ohne daß sie den darin ausgestellten Weihnachtsgeschenken einen Blick zuwerfen können. Die Wirtschaftskrise hat sich auch in diesem Jahr weiter verschlimmert. In Österreich gibt es nun 362 000 unterstützte Arbeitslose und 150 000 Ausgesteuerte, die Industrie liegt darnieder, und ihre Aufträge bedecken nur acht Prozent der Normalbeschäftigung. Die Hüttenwerke der Alpine-Montan müssen in diesem Jahr dreimal stillgelegt und die Arbeiter entlassen werden. Die Zahl der Konkurse und der Ausgleiche ist doppelt so hoch wie 1929. Da besonders viele Jugendliche von der Arbeitslosigkeit betroffen sind, beginnen die Wiener Sozialdemokraten ab 5. Dezember wieder mit ihrer Aktion „Jugend in Not" und bieten hilfebedürftigen Jugendlichen von 14 bis 18.30 Uhr Aufnahme in ihren Heimen; nicht zuletzt gibt es für alle Burschen und Mädchen dort auch eine Jause. Die Partei kümmert sich um alle Bereiche der Freizeit, und besonders ihre Teilorganisation „Naturfreunde" wird nicht müde, ihre 74 048 Mitglieder mit der Devise *„Heraus aus dem Wirtshaus, geht am Sonntag nicht in die Kirche, sondern in die Berge!"* zu aktiver Freizeitgestaltung zu animieren. Jeden Sonntag veranstalten die „Naturfreunde" etwa Sonderfahrten mit der Eisenbahn von Wien auf Rax und Schneeberg.

Wer nicht Bergsteigen will, legt sich im Sommer 1932 ins Gänsehäufel oder auf die „schräge Wiesen" des Donaukanals, die „Riviera" Wiens. Man trägt Bengers „Ribana-Badeanzüge", aber der letzte Schrei der Bademode für Damen ist der gewagte Zweiteiler, der erst viel später den Namen „Bikini" verliehen bekommen wird. Das Titelbild der Frauenzeitschrift „Die Unzufriedene" vom 3. September zeigt eine schlanke, grazile Schönheit im zweigeteilten Badeanzug, während sich im Hintergrund zwei sehr übergewichtige Damen über die neue Bademode den Mund zerreißen.

Dabei ist Wien in Fragen der Bademoden durchaus tolerant. Im selben Jahr erläßt die letzte deutsche Regierung vor Hitlers Machtübernahme, das besonders konservativ eingestellte Kabinett Papen, eine vom preußischen Innenminister geforderte Modeverordnung betreffend Badeanzüge, in der es heißt: *„In Wahrnehmung der Geschäfte des preußischen Ministers des Inneren: Frauen dürfen öffentlich nur baden, falls sie einen Badeanzug tragen, der Brust und Leib an der Vorderseite des Badeanzuges völlig bedeckt, unter den Armen fest anliegt, sowie mit angeschnittenen Beinen und einem Zwickel versehen ist. Der Rückenausschnitt des Badeanzuges darf nicht über das untere Ende der Schulterblätter hinausgehen."* Kein Wunder, daß die spottlustige deutsche Bevölkerung ab nun die Regierung Papen als das „Zwickelregime" verhöhnte.

Baden ist wichtig für die Gesundheit und die Hygiene, und letzterer dient auch der bekannteste Werbespruch des Jahres, weitum plakatiert von der Firma Odol: *„Mache frisch und halt gesund – Zähne, Mandeln, Hals und Mund."*

Wer sich über das Zähneputzen hinaus weiterbilden will, geht in Wien in die Volkshochschule. Allein die Volkshochschule in Simmering bietet im Winterhalbjahr 1931/32 für einen bescheidenen Jahresbeitrag von nur acht Schilling insgesamt 38 Kurse an, deren Spektrum von „Schönschreiben für Anfänger" bis hin zum „Geschlechtsleben des Mannes (mit Lichtbildern, nur für Erwachsene)" reicht. Zur selben Zeit zählt man in ganz Österreich 25 503 inskribierte Studenten an den Hochschulen, das sind 0,5 Prozent der Gesamtbevölkerung und nur um 2 000 mehr als im Jahre 1927. Dennoch gibt es auch auf universitärem Gebiet Gelegenheit zu feiern: Am 15. Juli 1932 werden die ersten Studenten an der nur wenige Jahre zuvor gegründeten Hochschule für Welthandel promoviert.

Am selben Tag steht auch der Eisenbahnattentäter Silvester Matuschka in Wien vor Gericht, den man im Oktober 1931 nach seinem Attentat von Bia-Torbagy in Österreich gefaßt hat. Weil ihm auch der Anschlag von Maria Anzbach nachgewiesen werden kann, wird er in einem Sensationsprozeß zu sechs Jahren schweren Kerkers verurteilt, bald danach aber den ungarischen Behörden übergeben. In Ungarn zu lebenslanger Haft verurteilt, geht er im März 1945 frei und versucht sich den Sowjets anzubiedern, verschwindet aber schließlich in einem sibirischen Lager. Im Koreakrieg soll er anfangs der fünfziger Jahre noch einmal gesichtet worden sein …

So gern die Wiener aufsehenerregende Prozesse verfolgen – noch lieber gehen sie ins Kino, und der beliebteste Film des Jahres 1932 ist ohne Zweifel die Filmfassung von Arthur Schnitzlers Theaterstück „Liebelei" unter der Regie von Max Ophüls. Die Liste der Darsteller liest sich wie eine Ehrentafel des deutschen Films: Magda Schneider, Luise Ulrich, Wolfgang Liebeneiner, Paul Hörbiger und Gustav Gründgens spielen die Hauptrollen. Noch nicht im Kino zu sehen ist der beste amerikanische Film des

DER MISTER Amerika! New York! Chicago und Sing-Sing! – Äußerlich ja, aber da drinnen klopft noch das alte biedere treue goldene Wiener Herz, das ewige Wien – und die Wachau – und die Burgen an der blauen Donau. – Er summt mit der Musik. Donau so blau, so blau, so blau – Alle summen mit, wiegen sich auf den Sitzgelegenheiten. Meine Herrschaften, es hat sich vieles verändert in der letzten Zeit, Stürme und Windhosen sind über die Erde gebraust, Erdbeben und Tornados, und ich hab' ganz von unten anfangen müssen, aber hier bin ich z'haus, hier kenn' ich mich aus, hier gefällt es mir, hier möcht ich sterben! Oh du mein altösterreichischer Herrgott aus Mariazell!
Er singt.
Mein Muatterl war a Weanerin,
Drum hab ich Wean so gern.
Sie war's, die mit dem Leben
Mir die Liebe hat gegeben
Zu meinem anzigen goldenen Wean!
ALLES *singt:*
Wien, Wien nur du allein
Sollst stets die Stadt meiner Träume sein,
Dort, wo ich glücklich
und selig bin,
Ist Wien, ist Wien, mein Wien!
MISTER Wien soll leben! Die Heimat! Und die schönen Wiener Frauen! Und der Heimatgedanke! Und wir Wiener sollen leben – alle, alle!
ALLE Hoch! Hoch! Hoch!
Allgemeines Saufen.
Ödön von Horvath,
Geschichten
aus dem Wiener Wald

Jahres, Joseph von Sternbergs „Shanghai Express" mit Marlene Dietrich in der Titelrolle.

Auch die moderne Architektur hat inzwischen in Wien ihren Einzug gehalten. In der Herrengasse wird Wiens erstes Hochhaus fertiggestellt. Der zukunftsweisende Bau der Wiener Architekten Siegfried Theiß und Hans Jaksch steht am Areal des ehemaligen, schon 1913 abgetragenen Palais Liechtenstein und überragt mit seinen 15 Stockwerken alle umliegenden Gebäude. Dennoch wirkt seine Höhe nicht störend, da die obersten vier Stockwerke abgetreppt zurückgesetzt sind. Das Haus hat 224 Wohnungen und 22 Geschäftslokale, acht Stiegen, zehn Aufzüge und im obersten Stockwerk befindet sich ein Restaurant, das einen phantastischen Ausblick über die Stadt bietet.

> Wenn irgendwo, so war in Wien Dekorativität legitim; nur daß es beiläufig jene Legitimation war, die der Etablierung und Instandhaltung eines Museums zukommt. In Erfüllung seiner Traditionspflicht verwechselte Wien Museumshaftigkeit mit Kultur und wurde (leider nicht auch im Architektonischen, wo es sich ärgster Verwüstungen schuldhaft machte) zum Museum seiner selbst. Weil wundersamerweise Haydn und Mozart, Beethoven und Schubert sich auf diesem Erdenfleck zusammengefunden hatten, hier schlecht behandelt wurden und nichtsdestoweniger komponiert haben, richtete sich Wien als musikalische Institution ein. Das Museale war Wien vorbehalten, und zwar als Verfallszeichen, als österreichisches Verfallszeichen. Denn Verfall im Elend führt zum Vegetieren, doch einer im Reichtum führt zum Museum. Das Museale ist Vegetieren im Reichtum, ist heiteres Vegetieren, und Österreich war damals noch ein reiches Land.
> *Hermann Bloch*

Im selben Jahr wird in der Hagenau in Wien-Hietzing die Werkbundsiedlung eröffnet, eine Mustersiedlung von Einfamilienhäusern, deren Pläne so bekannte Architekten wie Joseph Frank, Adolf Loos, Oskar Strnad und Richard Neutra geschaffen haben. Ursprünglich sollten die Häuser verkauft werden, der hohe Kaufpreis von jeweils 45 000 Schilling zwingt aber die Gemeinde Wien, in deren Auftrag die Siedlung errichtet worden ist, die Häuser zu vermieten. Die am Bau beteiligten Architekten gehen dabei nicht immer freundlich miteinander um, besonders Adolf Loos ist ein unerbittlicher und selbstbewußter Kritiker seiner Kollegen. Als er feststellt, daß Oskar Strnad ein Haus gebaut hat, in dem das Wohnzimmer auf beiden Seiten Fenster aufweist, bemerkt er zum Hausherrn: *„Sagen Sie diesem Stümper, dem Strnad, daß nur ein Architekt auf Erden es sich erlauben kann, von beiden Seiten des Raumes Licht ins Zimmer fallen zu lassen. Dieser Architekt bin ich!"* Ein besonderer Dorn im Auge ist Loos die Wiener Werkstätte, und er mag ein wenig Befriedigung verspürt haben, als vom 5. bis 10. September des Jahres die letzte Ausstellung dieser Institution in Wien stattfindet. Eigentlich handelt es sich bloß um eine Präsentation von Versteigerungsgut, da man alle noch verbliebenen Objekte der wirtschaftlich schwer angeschlagenen Vereinigung dem Versteigerungshaus Glückselig überlassen muß. Am 14. Oktober 1932 wird die Wiener Werkstätte endgültig aufgelöst.

Die Menschen in Wien sind viel zu beschäftigt, um sich mit den Meinungen des Herrn Loos, der einmal gesagt hat, *„Ordinär ist das, was die ordinären Leute für fein halten"*, abzugeben. Lieber geht man ins Wiener Praterstadion, wo das Wunderteam von Sieg zu Sieg eilt und am 24. April Ungarn, den fußballerischen Erzfeind der Österreicher, mit 8:2 schlägt. Erst am 7. Dezember geht die Siegesserie zu Ende, als Sindelar und Co. im Londoner Wembleystadion gegen England mit 4:3 verlieren. Fußballmeister der Saison 1931/32 wird die Admira.

Aber das Jahr hat schon zuvor große sportliche Erfolge für Österreich gebracht: Bei den Olympischen Spielen in Los Angeles gewinnt Ellen Müller-Preis die Goldmedaille im Fechten; Karl Schäfer wird bei der

Winterolympiade in Lake Placid Olympiasieger im Eiskunstlauf, während Fritzi Burger bei den Damen die Silbermedaille erringt. Kurz darauf wird Karl Schäfer in Montreal zum dritten Mal hintereinander Weltmeister.
Im Jahre 1932 sterben zahlreiche Persönlichkeiten des öffentlichen Lebens in Wien. Anton Wildgans, der Mitschöpfer der „österreichischen Idee", ist dabei und der Kardinal von Wien, Friedrich Gustav Piffl. Sein Nachfolger wird der Universitätsprofessor Theodor Innitzer, der einerseits als Rektor der Universität Wien entschieden gegen das Studium der Frauen an der Universität aufgetreten ist, andererseits sich aber als eher bescheidener Mann gibt, der den Versuch, seinen Ring zu küssen, häufig mit den Worten *„Bitte keine gymnastischen Übungen"* zu verhindern weiß.
Fast unbeachtet bleibt der Tod von Rudolf Karl Slatin, der als Slatin Pascha unter dem englischen General Gordon nach Ägypten gekommen und General und Militärgouverneur im Sudan gewesen war. Nach Gordons Niederlage in Khartum war er zwölf Jahre lang in der Gefangenschaft der Mahdisten gewesen und hatte danach von 1900 bis 1914 sowie ab 1919 wieder die Stelle des Generalinspekteurs im Sudan bekleidet.
Am 2. August stirbt Altbundeskanzler Ignaz Seipel im Alter von 56 Jahren, drei Wochen später sein Amtskollege Johann Schober, der nur um zwei Jahre älter wurde. Seipel, der Priester und Moraltheologe, galt den Wienern nach dem Justizpalastbrand von 1927 als der „Prälat ohne Milde" und Johann Schober, der als Polizeipräsident Wiens auf die demonstrierenden Arbeiter hatte schießen lassen, als der „Arbeitermörder". Dennoch widmet ihnen ihr großer Gegenspieler Otto Bauer einen würdigen Nachruf in der „Arbeiter-Zeitung", in dem er unter anderem über Seipel schreibt: *„An seiner Bahre können auch wir von ihm sagen: Er war ein Mann, nehmt alles nur in allem! Der Soldat verweigert dem gefallenem Feind die letzten militärischen Ehren nicht. So schicken auch wir dem großen Gegner drei Salven über die Bahre."* Trotz des Hasses zwischen den Parteien, trotz der Versuche von Dollfuß, das Parlament auszuschalten, gibt es 1932 also doch noch Worte der Versöhnung, vereinzelte Brücken für ein gemeinsames Gespräch.

Wenn der letzte Arbeitslose
Liegt im kühlen Erdenschoße
Und die letzten Invaliden
Aus dem Jammertal geschieden,
Der Vater raucht den letzten Tschik,
Eh er sich aufhängt mit dem Strick,
Der letzte Pensionist krepiert,
Dann ist Österreich saniert.
Anonym

1933 – Götterdämmerung für eine Demokratie

Am 17. Jänner des Jahres 1933 veröffentlicht die „Arbeiter-Zeitung" einen erschütternden Artikel: die Wiener Selbstmordstatistik für das Jahr 1932. Laut dieser haben sich im zu Ende gegangenen Jahr 1 157 Wiener das Leben genommen, 661 Männer und 496 Frauen, 2 825 Selbstmordversuche mißglückten. Die meisten dieser Menschen setzten aufgrund bitterster Not und Arbeitslosigkeit ihrem Leben ein Ende, eine Behauptung, die, wie die „Arbeiter-Zeitung" nachdrücklich betont, keineswegs von ihr aufgestellt werde, sondern von der Polizei.

Wie stark die Menschen in all ihren Lebensbereichen von der Arbeitslosigkeit betroffen sind, untersucht auch die im Jänner 1933 erschienene Studie „Die Arbeitslosen von Marienthal" von Paul Lazarsfeld, Marie Jahoda und Hans Zeisel, die erste wegweisende wissenschaftliche empirische Sozialforschungsstudie der Welt. Marienthal ist eine Industriesiedlung südlich von Wien und nach dem Bankrott der örtlichen Textilfabrik ein Ort der Arbeitslosen. Die Untersuchung ergibt, daß die Arbeitslosenfamilien ihre geringen Einnahmen aus Unterstützungszahlungen und Zuschüssen fast zur Gänze für Nahrungsmittel ausgeben müssen. Trotzdem reicht es am Monatsende nur mehr für Brot und Suppe, Kohl und Erdäpfel. Fleisch sehen sie oft das ganze Jahr nicht auf dem Tisch, ein Umstand, der dazu führt, daß sogar Hunde- und Katzenfleisch gegessen werden. Für die Mahlzeit einer sechsköpfigen Familie stehen in der Regel nicht mehr als 70 Groschen (!) zur Verfügung, und das Wissen um den Umstand, daß sich die Verhältnisse so schnell nicht ändern werden, macht die Menschen mürbe. „Für die Männer hat die Stundeneinteilung längst den Sinn verloren", schreibt Paul Lazarsfeld, „Der Tag vergeht, ohne daß man weiß, was geschehen ist." Doch nicht nur bei den Arbeitslosen und Ausgesteuerten, – ihre Zahl ist im Februar 1933 mit 402 000 die höchste jemals in Österreich gezählte und um elf Prozent höher als 1932 – ist das Geld knapp. Seit 1930 ist das durchschnittliche Einkommen eines Wiener Haushaltes um 34 Prozent gesunken, in den Arbeiterhaushalten reicht der Verdienst des alleinverdienenden Mannes zum Leben nicht mehr aus, so daß die Frauen gezwungen sind, einem Broterwerb nachzugehen.

Die satirische Zeitschrift „Kuckuck" veröffentlicht als illustratives Beispiel den „Wiener Wochenspeisezettel" einer Familie, in der der Mann als Hilfsarbeiter tätig ist. Neben dem immer gleichbleibenden Frühstück, bestehend aus Milch und Brot, gibt es zum Mittagessen abwechselnd Kohl mit Erdäpfeln, Knochensuppe, Einbrennsuppe, Marillenknödel, Milchreis, Grießbrei, Haferflocken und einmal in der Woche Faschiertes. Kein Wunder, daß ein „Kleines Kochbuch für die fleischlose Küche. 275 nahrhafte und wohlschmeckende Gerichte" aus dem Einhorn-Verlag zum Bestseller des Jahres wird.

In der Waschküche gibt es dafür neue praktische Produkte, um der Hausfrau den sonst so mühevollen Waschtag zu erleichtern: Die ersten Pulverwaschmittel kommen auf den Markt und werben mit dem verheißungsvollen Slogan *„Ein Spaziergang auch am Waschtag – Radion wäscht allein."*

Wer trotz allem noch Geld hat, kann es zur Arbeiterbank bringen. Die Zinssätze reichen von sechs Prozent für täglich verfügbare Einlagen bis acht Prozent bei zweimonatiger Kündigungsfrist.

Die Regierung hat aber im Jänner 1933 andere Sorgen. Am 8. Jänner fliegt

---

Ich bin zum Schweigen verurteilt, aber Martha beginnt zu wanken . . . Heute war Auszahlung; nach der Zahlung unserer Schulden bei unserer lieben Greißlerin blieb uns sage und schreibe nichts . . . Eisiges Schweigen zu Hause. Nichtigkeiten zerstören die Harmonie. Heute gibt es keinen Gutenachtgruß.

Aus dem Tagebuch eines Arbeitslosen, Marienthal 1931

ein für Österreich peinlicher Skandal auf, die sogenannte „Hirtenberger Waffenaffäre": Sozialistische Eisenbahner öffnen einige ihnen verdächtige Eisenbahnwaggons, die angeblich altes Kriegsmaterial aus Italien in die Hirtenberger Patronenfabrik bringen sollten, und entdecken Massen von Gewehren und Maschinengewehren. Die aufgefundenen Waffen sollten zum Teil nach Ungarn gehen, um dort die halbfaschistische Regierung zu stürzen; ein weiterer Teil war von Mussolini zur Aufrüstung der österreichischen Heimwehren bestimmt.

Dollfuß sieht sich nach scharfen Protesten der Westmächte und der kleinen Entente genötigt, die Waffen wieder nach Italien zurückzusenden, was jedoch tatsächlich nur zu einem kleinen Teil geschieht! Den unbequemen Eisenbahnern zahlt er es dafür bei nächster Gelegenheit heim: Mitte Februar ist nicht mehr genügend Geld für die Eisenbahnergehälter vorhanden, und man beschließt Lohn- und Pensionskürzungen. Die Gehälter für Februar 1933 sollen in drei Raten ausbezahlt werden. Als sich die Eisenbahner dagegen mit einem zweistündigen Streik am 1. März wehren, läßt die Regierung Bahnhöfe von Bundesheer und Gendarmerie besetzen und droht den streikenden Eisenbahnern Disziplinarverfahren an. Darauf verlangen die Sozialdemokraten eine Dringlichkeitssitzung des Parlaments für den 4. März 1933, jenem Tag, der das Ende der parlamentarischen Demokratie in der Ersten Republik bringen wird. Bei dieser Sitzung legen nacheinander alle drei Präsidenten des Nationalrates – der Sozialdemokrat Karl Renner, der Christlichsoziale Rudolf Ramek und der Großdeutsche Sepp Straffner – ihr Amt nieder, das Parlament ist damit ohne Präsidium, und ohne daß die Sitzung formell geschlossen wird, gehen die Abgeordneten ratlos auseinander. Der Nationalrat hatte sich damit praktisch selbst ausgeschaltet.

Der nächste Tag ist ein Sonntag, und Dollfuß, der gerade von einer Veranstaltung in Villach nach Wien zurückkehrt, trifft im Zug den Sozialdemokraten Oskar Helmer und spricht erleichtert von „einem Fingerzeig Gottes" und daß man die unterträglichen parlamentarischen Verhältnisse nun endgültig lösen müsse. Am 7. März 1933 bezeichnet sich die Regierung als weiter im Amt befindlich und beginnt nun mit Notverordnungen aufgrund des kriegswirtschaftlichen Ermächtigungsgesetzes zu regieren. Sie unterwirft zunächst die Zeitungen einer Vorzensur und verfügt ein allgemeines Umzugs- und Versammlungsverbot. Als am 15. März die Abgeordneten im Parlament wieder zusammentreten wollen, bietet Dollfuß die Kriminalpolizei auf, um sie daran zu hindern. Alles wartet nun darauf, daß sich die Sozialdemokraten mit der Ausrufung des Generalstreikes wehren würden, aber Otto Bauer droht zwar verbal, zu Aktionen kommt es aber nicht. Dollfuß weiß nun, daß er von dieser Seite nichts mehr zu befürchten hat, und schreitet konsequent weiter auf seinem Weg, der *„die Marxisten Schritt für Schritt in die Knie zwingen"* soll. Am 31. März wird der Republikanische Schutzbund für aufgelöst erklärt und geht in den Unter-

Österreich sollte den faschistischen Tendenzen angepaßt, das Parlament und damit die Demokratie erledigt werden. Dies war nun nicht möglich ohne die Beseitigung oder Entrechtung der Sozialdemokratischen Partei, der stärksten und bestorganisierten Österreichs. Sie zu brechen gab es keinen anderen Weg als den brutaler Gewalt.

Für diese terroristische Aktion hatte schon der Vorgänger von Dollfuß, Ignaz Seipel, eine Organisation geschaffen, die sogenannte Heimwehr. Äußerlich gesehen, stellte sie so ziemlich die ärmlichste Angelegenheit dar, die man sich denken konnte, kleine Provinzadvokaten, entlassene Offiziere, dunkle Existenzen, unbeschäftigte Ingenieure, jeder eine enttäuschte Mittelmäßigkeit, die alle einander auf das grimmigste haßten. Schließlich fand man in dem jungen Fürsten Starhemberg einen sogenannten Führer, der einst zu Füßen Hitlers gesessen und gegen die Republik und die Demokratie gewettert hatte und jetzt mit seinen gemieteten Soldaten als Hitlers Antagonist herumzog und versprach, Köpfe rollen zu lassen. Was die Heimwehrleute positiv wollten, war völlig unklar. Die Heimwehr hatte in Wirklichkeit kein anderes Ziel, als auf irgendeine Weise an die Krippe zu kommen, und ihre ganze Kraft war die Faust Mussolinis, der sie vorwärtsstieß. Daß diese angeblich patriotischen Österreicher mit ihren von Italien gelieferten Bajonetten den Ast absägten, auf dem sie saßen, merkten sie nicht.

Stefan Zweig, Die Welt von gestern

Die Arbeiter von Wien

Wir sind das Bauvolk
der kommenden Welt.
Wir sind der Sämann, die Saat und
das Feld.
Wir sind die Schnitter
der kommenden Mahd.
Wir sind die Zukunft und wir sind
die Tat.
So flieg du flammende, du rote
Fahne,
voran dem Wege, den wir ziehn!
Wir sind der Zukunft getreue
Kämpfer.
Wir sind die Arbeiter von Wien.

Herrn der Fabriken, ihr Herren
der Welt,
endlich wird eure Herrschaft
gefällt.
Wir, die Armee, die die Zukunft
erschafft,
sprengen der Fesseln engende
Haft.
So flieg, du flammende ...

Wie auch die Lüge uns schmähend
umkreist,
alles besiegend erhebt sich der
Geist.
Kerker und Eisen zerbricht seine
Macht,
wenn wir uns rüsten zur letzten
Schlacht.
So flieg, du flammende ...
Fritz Brügel

grund, der traditionelle Maiaufmarsch auf der Ringstraße wird von der Polizei verhindert. Am 10. Juni wird die „Arbeiter-Zeitung" für einen Monat verboten, und mittels Änderungen von Steuergesetzen und Drosselungen von Bundeszuschüssen soll das „Rote Wien" gezwungen werden, seine weltweit beispielhafte Sozialgesetzgebung und den sozialen Wohnungsbau aufzugeben. Die Wiener Landesregierung versuchte sich mit einer Klage beim Verfassungsgerichtshof dagegen zu wehren, aber wieder findet Sektionschef Robert Hecht den rettenden Ausweg für Dollfuß: Durch den Rücktritt der christlichsozialen Richter wird der Verfassungsgerichtshof beschlußunfähig und damit lahmgelegt, er ist der Regierung in der Folge nicht mehr gefährlich.

Trotz dieser einschneidenden, politischen Umwälzungen, die den Weg in den autoritären Ständestaat ebnen, geht das Leben in Wien weiter. In den Kinos gibt es eine reiche Auswahl von neuen Filmen. Greta Garbo kann man als schöne Spionin in „Mata Hari" mit Ramon Novarro als Partner bewundern, Walter Riml und Gustav Lantschner als schilaufende Matrosen in „Abenteuer im Engadin", Luis Trenker als tollkühnen Kaiserjäger in „Berge in Flammen" und Wallace Berry und Jackie Cooper in dem Metro-Goldwyn-Film „Der Champ". Der größte Kassenerfolg des Jahres stammt aber aus einheimischen Ateliers. Es ist der von Willi Forst mit der Wien-Film produzierte Streifen „Leise flehen meine Lieder" über das Leben Franz Schuberts. In den Kinos gibt es dafür eigene Vorstellungen für Arbeitslose bei einem einheitlichen Eintrittspreis von 30 Groschen.

Eine Sonderfahrt über Ostern mit dem Autobus nach Budapest kostet inklusive Paß 32 Schilling, über Pfingsten gibt es eine Sonderfahrt nach Salzburg und in das Salzkammergut um 38 Schilling, wobei darauf hingewiesen wird, daß für gute Verpflegung und Quartiere gesorgt ist. Der österreichische Fremdenverkehr ist seit der Machtübernahme Hitlers im Deutschen Reich stark auf den österreichischen Gast angewiesen. Als Antwort auf die am 15. Mai verfügte Ausweisung des nationalsozialistischen Reichsjustizministers Hans Frank aus Österreich verfügt die deutsche Reichsregierung die berüchtigte Tausendmarksperre gegen Österreich, das heißt, jeder Deutsche, der in Österreich Urlaub zu machen gedenkt, hat eine Abgabe von 1 000 Mark zu bezahlen. Die Auswirkungen auf den Tourismus sind katastrophal: Haben von 1929 bis 1932 noch 1,25 Millionen Deutsche Tirol besucht, so sind es von 1933 bis 1937 nur mehr 130 000, und zahlreiche Fremdenverkehrsbetriebe im Westen Österreichs stehen vor dem Ruin.

Nach einem Handgranatenüberfall bei Krems gegen das von der Regierung einberufene Freiwillige Assistenzkorps verfügt Dollfuß am 19. Juni 1933 ein Verbot der Nationalsozialisten in Österreich. Die Nazis schlagen daraufhin zurück, mit Böller- und Bombenexplosionen, Brandstiftungen und Attentaten, unter anderem auch auf Dollfuß. Am 3. Oktober schießt Rudolf Dertil, ein ehemaliger Kanzleidiener, Laufbursche und wegen seiner

Nazisympathien entlassener Gefreiter des Infanterieregimentes Nr. 3, im Vestibül des Parlaments auf den Bundeskanzler. Dollfuß hat noch einmal Glück: Ein Schuß durchschlägt den rechten Oberarm, ein weiterer trifft zwar die Herzgegend, prallt aber an einer Rippe ab und verursacht nur geringfügige Verletzungen. Schwerer trifft es den Juwelier Norbert Futterweit in seinem Geschäft in der Meidlinger Haupstraße. Bei einem Bombenattentat auf sein Geschäft am 12. Juni werden er und ein zufällig vorbeigehender Passant getötet. Diese Attentate sind aber zugleich ein willkommener Vorwand für Dollfuß, in Österreich die Todesstrafe wieder einzuführen, die 1919 abgeschafft worden war. Schuschnigg, der als Unterrichtsminister auch mit der Leitung des Justizministeriums betraut ist, erläutert in einer Pressekonferenz die diesbezüglichen Beschlüsse des Ministerrates: *„Die Form der Exekution der Todesstrafe ist der Tod durch den Strang. Als Schauplatz ist der alte Hinrichtungshof im Grauen Haus bestimmt, der keine Einsicht von außen zuläßt. Auch für die Einrichtung einer Armensünderzelle und die Beistellung eines priesterlichen Beistandes für den Delinquenten ist Vorsorge getroffen. Der Scharfrichterposten wird nicht ausgeschrieben ..."*

Mit politischen Häftlingen geht man 1933 zumindest in Österreich noch schonender um. Für sie werden „Anhaltelager" nach dem Vorbild der deutschen Konzentrationslager geschaffen – das größte und bekannteste in Wöllersdorf bei Wiener Neustadt. Politische Häftlinge gibt es bald genug, Kommunisten, Sozialisten und Nationalsozialisten füllen die Lager, letztere in immer größerer Zahl, haben sie doch nun den stärksten Zulauf von allen Parteien. Selbst der Wiener Polizeipräsident Franz Brandl läuft zu ihnen über, nachdem ihn Dollfuß am 15. März entlassen hat, weil er für den Einsatz der Polizei im Parlament eine schriftliche Weisung zu verlangen wagte. Die Kommunisten kommen ins Lager, nachdem man ihnen am 26. Mai 1933 jegliche politische Betätigung versagt hat, die Sozialdemokraten, weil sie sich gegen den immer weiter fortschreitenden Abbau der Sozialgesetzgebung auflehnen. Dieser Abbau ist vorrangiges Ziel der Regierung. Man verkürzt den Bezug des Arbeitslosengeldes von 30 auf 20 Wochen, greift in das Kollektivvertragsrecht ein, ändert die Kranken- und Pensionsversicherung und entläßt Beamte, die sich weigern, den Regierungskurs mitzutragen. All diese Aktionen werden von der Regierung als notwendige Sparmaßnahmen zur Konsolidierung der Wirtschaft verkauft. Gleichzeitig sehen aber die Menschen, wie ständig die Budgetsätze für Polizei und Bundesheer erhöht werden. Allein das Heeresbudget macht im Jahre 1933 fast 6,2 Prozent des Bundeshaushaltes aus – dies für eine Truppe von 30 000 Mann. Dazu kommt noch, daß die Regierung bürgerliche Wehrverbände rekrutiert, die als Hilfstruppe für das Heer genutzt werden können.

Auch die Kirche stellt sich in diesem Jahr voll hinter den Bundeskanzler, hat dieser doch am 5. Juni in Rom ein Konkordat mit dem Heiligen Stuhl unterzeichnet. Durch diesen Vertrag wird unter anderem die Teilnahme

Ich bin der Drache Isidor,
Bin international,
So wie Sie mich seh'n,
so stell' ich vor
Das jüdische Kapital.
Alle arischen Geschäft richt'
ich zugrund'.
Arisch Blut
Schmeckt so gut!
Um mich zu amüsier'n
Tu ich die Welt regier'n.
Viktor Grünbaum im Politischen Kabarett, 1933

Die Drei Pfeile

Der erste Pfeil –
Gegen die Monarchisten!
Der zweite Pfeil –
Gegen alle Faschisten!
Der dritte Pfeil –
Gegen Krise und Not!
Drei Pfeile –
Für Arbeit, Freiheit und Brot!
Arbeiter-Zeitung, 11. Februar 1933

an religiösen Übungen in den Schulen wieder verbindlich, wobei die sittliche religiöse Erziehung der Kinder in den Mittelpunkt gerückt werden soll. Vom 8. bis 12. September findet in Wien der Allgemeine Deutsche Katholikentag, wegen der Tausendmarksperre leider ohne die deutschen Katholiken, statt, auf dem besonders zweier großer Ereignisse gedacht wird: der Fertigstellung des Stephansdomes vor 500 Jahren und der zweiten Türkenbelagerung vor 250 Jahren. Man hält mehrere Großveranstaltungen in Wien ab, um die ungebrochene Stärke der Kirche zu betonen. Im Wiener Stadion wird das Weihespiel „St. Michael, führe uns" aufgeführt, in dem christliche Arbeiter Klassenkampfparolen brüllende Statistenhorden in die Flucht schlagen, um sie dann großmütig verzeihend zurückzurufen zur *„Freiheit des Lebens in der Gnade, Gleichheit aller Kinder Gottes und Brüderlichkeit aller Kreatur"*. Theodor Innitzer, der neue Kardinal von Wien, spart nicht mit Lob für Dollfuß, und auch die österreichischen Bischöfe erklären in ihrem Weihnachtshirtenbrief, *„in unentwegter Treue zu dieser Regierung zu stehen"*.

Wir müßten mit unserem katholischen Glauben und mit unserer ebenso sicheren Überzeugung von der Wahrheit dessen, was der Führer will, aus der Kirche austreten, wenn wir glauben müßten, daß alle diese bischöflichen und anderen Äußerungen das letzte Wort, ja überhaupt das entscheidende Wort bereits der Kirche wären. [...] Wir machen nicht mehr mit, wenn unsere Bischöfe gegen unser Volk politisieren. [...] Diesmal helfen wir, wir Katholiken, mit, unsere Kirche zu reformieren. [...] So fassen wir die Sache auf, wir jungen Katholiken, und wir sind die Jugend und die Zukunft. Ihr, wir, unser Führer, unser Volk.

Josef Wenter, Spiel um den Staat

Andere Hirtenbriefe sprechen schon eine verhängnisvoll deutliche Sprache von kommenden Dingen, so der des Linzer Bischofs Gföllner, in dem es unter anderem heißt: *„Zweifellos üben viele gottentfremdete Juden einen überaus schädlichen Einfluß auf fast allen Gebieten des modernen Kulturlebens aus . . . Das entartete Judentum im Bunde mit der Weltfreimaurerei ist auch vorwiegend Träger des mammonistischen Kapitalismus und vorwiegend Begründer und Apostel des Sozialismus und Kommunismus, der Vorboten und Schrittmacher des Bolschewismus. Diese schädlichen Einflüsse des Judentums zu bekämpfen und zu brechen, ist nicht nur gutes Recht, sondern strenge Gewissenspflicht eines jeden überzeugten Christen . . ."* Trotz dieser scharfen antisemitischen Töne ist die jüdische Bevölkerung von Wien, etwa 200 000 Personen, sieht man von den terroristischen Übergriffen der nun illegalen Nazis ab, durch den Staat nicht gefährdet und entwickelt ein eigenes reichhaltiges Kulturleben. Man kann in der Kulturorganisation der „Poale Zion" jüdische Dichtung aus der Sowjetunion genauso hören wie Volkslieder aus Palästina, vorgetragen vom jüdischen Gesangsverein. Wer etwas für Sport über hat, geht zum Fußballmatch der „Hakoah", des jüdischen Fußballklubs und Sportvereins, der noch immer in der obersten Spielklasse bestehen kann. Dennoch beginnen unter dem Druck der Ereignisse viele Juden Wiens, das nicht zuletzt auch die Stadt Theodor Herzls war, über eine Auswanderung nach Palästina nachzudenken, vielleicht auch angeregt durch einen jungen Mann namens David Ben Gurion, der am 9. April im Festsaal des Hotel Continental, Wien II., Taborstraße 4, einen Vortrag mit dem Titel „Palästina – Land ohne Arbeitslosigkeit" hält.

Am 12. Mai 1933 ist in der „Arbeiter-Zeitung" auch ein seltsamer Aufruf zu lesen: „Verbrennt mich" steht da, und unterzeichnet ist der Artikel vom bayerischen Volksschriftsteller Oskar Maria Graf. Er ist kurz zuvor aus Deutschland nach Wien geflüchtet und ersucht *„alle anständigen Zeitungen* *um den Abdruck dieses Protestes"*, eine Bitte, der die renommierte „New York Times" auch bereits am 13. Mai nachkommt. Graf wehrt sich dagegen, daß in Deutschland die Scheiterhaufen brennen, genährt von Büchern jüdischer und „volksfremder" Schriftsteller, und er sträubt sich dagegen, daß sein Roman „Wir sind Gefangene" ausdrücklich vom Naziregime in Deutschland zur Lektüre empfohlen wird. Vergebens fragt er sich, *„womit ich diese Schmach verdient habe"*. In Österreich sind die führenden Autoren in diesem Jahr zurückhaltend mit Veröffentlichungen, vielleicht auch durch die politische Entwicklung wie gelähmt. Nur Karl Heinrich Waggerl, durchaus schon im Lager des Ständestaates stehend, veröffentlicht seinen Roman „Das Jahr des Herren", eine idyllische Dorfgeschichte mit vorsichtig dosierter sozialkonservativer Ideologie; Altmeister Felix Salten bedient sich in seiner Geschichte von „Florian, das Pferd des Kaisers" unverfänglicher Zeiten. Schärfer Position bezieht dagegen Franz Werfel in seinem Roman „Die vierzig Tage des Musa Dagh", in dem er die grausame Vernichtung der Armenier im Ersten Weltkrieg beschreibt. Ein Werk, das sich auch als eindringliche Parabel auf die drohende Vernichtung der Juden durch Hitler lesen läßt.

In Wien gibt es in diesem Jahr zwei größere, aufsehenerregende Unglücksfälle. Am 5. Juni gerät auf der Donau das Eilschiff „Franz Schubert" in Brand. Der sofort herbeigeeilte Polizeikommissär Dr. Schönauer verunglückt bei den Rettungsarbeiten tödlich. Am 3. September stürzt ein Reklameflugzeug bei der Friedensbrücke in den Donaukanal.

In den Varietés von Wien kann man Nummern von Weltrang bestaunen. Im Zirkus Renz treten die drei Cordonas auf, die durch den Film „Varieté" von Emil Jannings weltberühmt wurden. Sie zeigen als erste den dreifachen Salto mortale am Trapez. In Wien vergessen sie bei ihrer Abreise eine Trapezstange, und der junge Wiener Journalist Heino Seitler kann sich dieses Stück für sein Zirkus- und Clown-Museum sichern. Auch der berühmte Clown Grock, der mit seinem Ausruf „Nit möööglich" Lachstürme hervorruft, gastiert in den folgenschweren Märztagen des Jahres 1933 in Wien. Im Ronacher gibt die berühmte Pariser Sängerin und Partnerin von Maurice Chevalier, die Mistinguett, ein Gastspiel. Sie singt ihre berühmten Lieder „Mon homme" und „Valencia". All dies bekommt man zu einem Eintrittspreis von nur fünf Schilling, ermöglicht dadurch, daß das Ronacher das erste Etablissement in Wien ist, in dem es keine Tische und Bedienung mehr gibt, sondern Sitzreihen, die den Fassungsraum wesentlich vergrößern. Als Direktor Bernhard Labriola allerdings den jüdischen Schauspieler Max Ehrlich als Conférencier engagiert, kommt es zu Tumulten, und selbst der populärste aller Wiener Schauspieler, der legendäre Hans Moser, wird bei dem Versuch ausgepfiffen, die Besucher zu beruhigen.

Von den Schattenseiten des Lebens berichtet die „Konferenz über das Bettlerwesen", die am Sonntag, dem 19. Februar, im Festsaal des Nieder-

---

Als das Regime befahl
Bücher mit schädlichem Wissen
öffentlich zu
verbrennen,
und allenthalben Ochsen
gezwungen wurden,
Karren mit Büchern zu
den Scheiterhaufen zu
ziehen,
entdeckte ein verjagter Dichter,
einer der Besten,
die Liste der Verbrannten studierend, entsetzt,
daß seine Bücher
vergessen waren.
Er eilte zum Schreibtisch,
zornbeflügelt,
und schrieb einen Brief an die Machthaber.
Verbrennt mich! schreibt er mit
fliegender Feder,
Verbrennt mich! Tut mir das nicht
an, laßt mich
nicht übrig.
Habe ich nicht immer die Wahrheit berichtet in
meinen Büchern?
Und jetzt werde ich von Euch wie
ein Lügner
behandelt!
Ich befehle Euch: Verbrennt mich!
Bert Brecht

Zehetner aber, in einem sehr katholischen Land katholisch erzogen und katholisch geblieben, besaß einen um so größeren Respekt vor Gefühlen, je wirrer sie waren. Er hatte gelernt, Höheres hinter ihnen zu wittern. Eine Phrase, einmal am Stammtisch mit einem Viertel Vöslauer hinuntergeschwemmt, kam plötzlich an die Oberfläche. Heimweh ist in mir ausgebrochen, sagte er sich, Heimweh nach Österreich, nach dem wahren Österreich, nach dem christlichen, deutschen . . . Dazu empfing er die Prophezeiungen fürs kommende Jahr 33, die damals wie an jedem Jahresende vom Führer hüben und vom Führer drüben verkündet wurden. Ihm, der sich zwischen den zweien noch nicht richtig entschieden hatte, wurde in diesem Falle ein Dilemma erspart. Beide sagten dasselbe. 1933 werde gewaltige, endgültige, epochemachende Veränderungen bringen. Still berauscht saß er am Radioapparat, aus dem ihm die große Bestätigung zugerufen wurde: Es ist endlich genug, es geht nicht so weiter, es muß was geschehn. – Ja, das fühlte er selbst. Ja, die vierzehn Jahre hatten das Maß voll gemacht, und der Zeiger der Weltgeschichte drängte endlich zur Entscheidung! Ja, Zehetner war Deutscher, war Arier, war Österreicher, war Christ, war der Sklave von Versailles und Saint-Germain, war die Zielscheibe marxistischen Terrors und der Eichbaum, an dessen Wurzeln Juda nagte. Auch in ihm, dem Vorsichtigsten, trieb endlich etwas zum Aufbruch, nur daß er noch nicht genau wußte, ob es der Ruf des Blutes oder die Stimme des Herrn war.

Jura Soyfer, So starb eine Partei

österreichischen Gewerbevereines stattfindet und von der die März-April-Nummer der Zeitschrift „Der Krüppel – Mitteilungsblatt der ersten österreichischen Krüppelarbeitsgemeinschaft", Preis 30 Groschen, ausführlich berichtet. Die Zeitschrift „Die Frau" hingegen widmet ihre Februarnummer dem Kampf gegen den berüchtigten Abtreibungsparagraphen 144, um *„aus der Mutterschaft eine Ehrenkrone für das Proletarierweib zu schmieden"* und um *„endlich der Alternative zwischen Angst vor der Untreue des Mannes und Angst vor der Schwangerschaft entrinnen zu können."*

Am 14. Mai hingegen gibt es in Wien ein ganz besonderes Spektakel zu sehen. Die Heimwehren haben von Mussolini ein paar hunderttausend Schilling bekommen und organisieren eine gewaltige „Türkenbefreiungsfeier" mit 250 000 Teilnehmern, um das „Heimwehrverbot", das der Wiener Bürgermeister Seitz ausgesprochen hat, zu umgehen. Von diesem Erfolg angetrieben, verkündet Dollfuß am 21. Mai die Gründung einer „Vaterländischen Front", und die „Reichspost" glaubt in der Abwandlung eines Gedichtes von Franz Grillparzer sagen zu können *„Wie einst von Radetzky, so kann man heute von Bundeskanzler Dr. Dollfuß sagen, daß in seinem Lager Österreich stehe."* Die „Vaterländische Front" ist als Sammelbecken gedacht und soll als Massenorganisation *„allen Österreichern, die vaterländisch empfinden, denken und handeln"*, bzw. als Ersatz für die Parteien dienen. Man orientiert sich dabei an deutschen und italienischen faschistischen Vorbildern und will so Führerkult und autoritäres Prinzip fest installieren, zum einprägsamen Symbol der neuen Bewegung wählt man das Kruckenkreuz. Der Mitgliedsbeitrag pro Jahr beträgt 2,40 Schilling, ermäßigt für Arbeitslose ein Schilling, wobei auch dieser Betrag in Monatsraten gezahlt werden kann.

Der letzte Schlag von Bundeskanzler Dollfuß gegen die Demokratie erfolgt am 11. September durch seine programmatische Rede am Wiener Trabrennplatz, in der er ausdrücklich eine faschistische Umgestaltung des Staates auf ständischer Grundlage verlangt: *„Die Zeit des kapitalistischen Systems, die Zeit kapitalistischer, liberaler Wirtschaftsordnung ist vorüber. Die Zeit marxistischer, materialistischer Volksführung ist gewesen! Die Zeit der Parteienherrschaft ist vorbei. Wir lehnen Gleichschalterei und Terror ab. Wir wollen den sozialen, christlichen deutschen Staat Österreich auf ständischer Grundlage unter starker, autoritärer Führung."*

Die große Welt nimmt es kaum wahr, daß hier wieder eine Demokratie beseitigt wird, sie hat andere Interessen: Richard E. Byrd fliegt zum Südpol, Malcolm Campell stellt mit 437,91 Stundenkilometern einen neuen Geschwindigkeitsrekord für Automobile auf, in den Kinos sieht man King Kong auf den Wolkenkratzern von New York nach Flugzeugen schnappen oder Fred Astaire und Ginger Rogers hoch über Rio tanzen. In den Vereinigten Staaten von Amerika verkündet Präsident Franklin D. Roosevelt seinen New Deal, dessen Programme zur Neuverteilung der sozialen Lasten und Überwindung der Depression genau das Gegenteil der Maßnahmen bilden, die Engelbert Dollfuß in Österreich versucht. Doch diese weitblickenden, zusammenfassenden Urteile ermöglicht uns die historische Perspektive eines halben Jahrhunderts, für die Wiener des Jahres 1933 gestaltete sich die politische und private Situation ungewisser denn je.

1934 – Der letzte Kampf des Roten Wien

Das Jahr 1934 ist ein politisches Jahr, die Dramatik der österreichischen Innenpolitik überdeckt alle anderen Ereignisse völlig; es ist jenes Jahr, in dem sich das Schicksal der Ersten Republik endgültig entscheiden sollte. Im Jänner gibt sich Österreich – zumindest an der Oberfläche – noch beschwingt. Am 20. Jänner hat Franz Lehárs Operette „Giuditta" Premiere, und zwar, was Lehár besonders freut, da er sich selbst immer als verhinderten Opernkomponisten gesehen hat, in der Wiener Staatsoper. Unter der Regie von Hubert Marischka singen Jarmila Novotná und Richard Tauber. Nach der Vorstellung kann man leider nicht mehr wie gewohnt ins Sacher zum späten Diner gehen, da das bekannte Hotel gerade nach den Plänen der neuen Besitzer, des Cafetiers Josef Siller und des Rechtsanwalts Hans Gürtler, umgebaut wird.

Während man sich aber in der Oper noch hingerissen im Walzertakt wiegt, kracht es in der Stadt an allen Ecken und Enden. Schuld daran sind diesmal die Nationalsozialisten, deren Terrorwelle die Bundeshauptstadt und die Bundesländer erschüttert. Die Heimwehr rüstet inzwischen zum Endkampf gegen die Sozialdemokraten. Angespornt werden Major Emil Fey und Fürst Starhemberg noch vom italienischen Unterstaatssekretär Fulvio Suvich, der ihnen einflüstert, den „demokratischen Schutt", also die Parteien, doch ein für allemal zu beseitigen.

Zuerst aber muß man die unliebsame Sozialdemokratie mundtot machen, und so wird der Verkauf der „Arbeiter-Zeitung" wegen ihrer „unerträglichen Hetze" am 21. Jänner verboten. Man mobilisiert nun die konservativen Massen. Ende Jänner erzwingen Heimwehrverbände in Innsbruck die Auflösung der ortsansässigen Parteiorganisationen und die Umwandlung der Tiroler Landesregierung in einen autoritären Landesausschuß. In Wien schickt man am 2. Februar 100 000 niederösterreichische Bauern auf die Straße, die gegen den Terror der Nazis demonstrieren.

Es ist eine Stimmung in Wien, als ob alle Menschen den Atem anhielten, wissend, daß etwas Großes, etwas Gefährliches auf sie zukommt. Noch gibt es aber einsichtige Politiker, die versuchen, eine Versöhnung zustande zu bringen: Am 9. Februar hält im Wiener Gemeinderat der christlichsoziale Mandatar Leopold Kunschak eine beherzte Rede, in der er die Politiker aller Lager und auch den einfachen Mann auf der Straße geradezu

Ich weiß, was man von mir sagen wird: daß ich die Partei auf ihrem Höhepunkt von Viktor Adler übernommen habe – und daß dies alles nun so endet. Ich bin mir bewußt, daß ich eher ein Lehrer des Proletariats, als ein politischer Führer bin und lieber wissenschaftlich arbeite.
Otto Bauer nach dem Februar 1934

> An den Ecktürmen des Wiener Rathauses flattern die Fahnen der österreichischen Heimat und senden ihren Farbengruß über die kampfdurchtobte Millionenstadt hin. Die rote Bastille ist erstürmt, das Vorwerk des Bolschewismus in Mitteleuropa, diese Herausforderung und Drohung in Permanenz, ist aus der Bundeshauptstadt verschwunden. Unter den Ergebnissen des Sieges über die Revolte ist vielleicht keines von gleicher Tragweite, gewiß keines von so symbolischer Kraft...
> *Reichspost, 14. Februar 1934*

> Nach der Pazifierung des Kerns von Floridsdorf setzte die Säuberungsarbeit in den Bezirksstellen Jedlersdorf, Jedlesee, Stadlau und Leopoldau ein. Diese Aufgabe gestaltete sich sehr mühselig, da die roten Truppen, verstärkt durch Versprengte aus Floridsdorf, in kleinen Abteilungen einzelne Objekte und Terrainstreifen besetzt hielten. Zahlreiche Flüchtlinge wandten sich nach Kaisermühlen, wo sie im Goethehof Aufnahme fanden. Andere setzten sich am Kaisermühlendamm fest. Nunmehr wurde – nach einer gründlichen Durchsuchung des Lassallehofes – Artillerie des Bundesheeres am rechten Donauufer aufgestellt und das Feuer eröffnet. In den Abendstunden geriet der Goethehof in Brand...
> *Reichspost, 15. Februar 1934*

beschwörend zur Versöhnung und Umkehr mahnt. Aber es ist schon zu spät. Die Heimwehr hört lieber auf den großsprecherischen Emil Fey, der ihr am 11. Februar bei einer Veranstaltung in Großenzersdorf verspricht: *„Wir werden morgen an die Arbeit gehen, und wir werden ganze Arbeit leisten..."*

Und bereits am nächsten Tag wird klar, was er gemeint hat: Am 12. Februar, um sieben Uhr morgens, versuchen Polizisten eine Hausdurchsuchung im Linzer Hotel „Schiff", wo sie ein Waffenlager des illegalen Schutzbundes vermuten. Sie werden von den dort versteckten Schutzbündlern unter Führung von Richard Bernaschek mit einer Maschinengewehrsalve empfangen. Der Bürgerkrieg ist damit ausgebrochen.

In Wien erfährt die sozialdemokratische Parteileitung von den Vorfällen in Linz um acht Uhr, man beschließt daraufhin die Ausrufung des Generalstreiks und die Mobilisierung des Schutzbundes. Die Kampfleitung des Republikanischen Schutzbundes wird im George-Washington-Hof installiert, direkt neben der Spinnerin am Kreuz am Wienerberg. Um 11.46 Uhr mittags wird in Wien der Strom ausgeschalten, die Straßenbahnen bleiben stehen, und ab 13 Uhr entbrennen die Kämpfe um die großen Wohnblocks des „Roten Wien". Die Kämpfe beginnen im Sandleitenhof im 16. Bezirk und dauern bis zum 13. Februar; im Zentrum der Gefechte stehen der Fuchsenfeld-, Liebknecht-, Bebel-, Hayden-, Indianer- und Regenbogenhof. In Simmering wird bis zum 14. Februar gekämpft. Die Schutzbündler des Karl-Marx-Hofes ergeben sich erst nach mehrstündigem Artilleriebeschuß am 15. Februar. Sie haben genau so lange ausgehalten wie die Schutzbündler in Floridsdorf. Heftige Kämpfe finden daneben in Steyr, Linz und im obersteirischen Industriegebiet statt.

Nach offiziellen Angaben sind auf seiten der Arbeiterschaft 196 Tote und 319 Verletzte, auf seiten der Regierung 118 Tote und 486 Verwundete zu beklagen. Wahrscheinlich war die Zahl der Opfer unter den Arbeitern um einiges höher, man schätzt die Zahl der Toten bis auf 1 500, die wahre Zahl der Verwundeten bleibt unbekannt, denn wer immer kann, vermeidet den Gang ins Spital oder zum Arzt, um ja den Siegern nicht in die Hände zu fallen.

Tausende Menschen fliehen aus Österreich, davon viele in die Tschechoslowakei, wie Otto Bauer und Julius Deutsch, oder bis in die Sowjetunion, wo die meisten der österreichischen Schutzbündler später in Stalins Lagern ums Leben kommen. Diejenigen, die bleiben, werden verhaftet, kommen in die Anhaltelager oder vor die Standgerichte, die bereits am 14. Februar zusammentreten und insgesamt 21 Todesurteile fällen, von denen neun vollstreckt werden.

Am 12. Februar ist die Stadt Wien tot und leer. Mittels Verordnung wird verfügt, daß die Schulen, Theater und Cafés geschlossen zu halten sind. Es fahren keine Straßenbahnen, und weithin hörbar ist der Donner der Geschütze. Die Eltern werden über das Radio aufgefordert, ihre Kinder nicht außer Haus gehen zu lassen, und an jeder Plakatwand, an jedem Bretterzaun hängt ein Plakat, das die Verhängung des Standrechtes in Wien verkündet.

Unter den verhafteten Sozialdemokraten ist auch die „rote Erzherzogin" Elisabeth, die in zweiter Ehe mit dem Sozialdemokraten Leopold Petznek verheiratet ist und deren Verhör sich recht kurz gestaltet. Bei der Aufnahme ihrer Personalien antwortet sie: *„Mein Großvater war der Kaiser Franz Joseph, mein Vater war der Kronprinz Rudolf. Wollen Sie sonst noch etwas wissen?"*

Schon am 19. Februar kann man die tragischen Ereignisse des Bürgerkrieges in Wort und Bild studieren. Die „Illustrierte Wiener Wochenschrift – Wiener Bilder" bringt zum Preis von 20 Groschen die Sondernummer „Sturmtage in Österreich – 50 Bilder von den Unruhen in Österreich" an die Kioske, und quer über die Fassade des gestürmten Indianer-Hofes in Wien-Meidling kann man lesen, wer die „Sieger" dieser Tage sind: In riesigen Lettern wird er zum „Fey-Hof" umbenannt. Die neu gefestigten Machthaber schreiben aber auch den Wiener Stadtplan um. Ab 28. April 1934 erhält der „Ring des 12. November" den neuen Namen „Dr.-Karl-Lueger-Ring", und ein anderer Teil des Ringes wird nach Dr. Ignaz Seipel benannt. Nachdem die Verordnung herausgegeben worden ist, daß jeder Ort in Österreich wenigstens einen Dollfußplatz haben soll, wird der Freiheitsplatz am Alsergrund zum neuen Dollfußplatz, während sich der Kriemhildplatz in Favoriten zum „Kanzlerplatz" verwandelt. Der Karl-Marx-Hof heißt ab nun Heiligenstädter Hof, der Friedrich-Austerlitz-Hof wird in Rabenhof umbenannt.

Der Wiener Bürgermeister Karl Seitz und die sozialdemokratischen Mandatare aus dem Wiener Rathaus sind zu diesem Zeitpunkt längst verhaftet. Doch ausgerechnet vor dem Rathaus findet am 19. Februar die große Trauerfeier für die 49 Gefallenen der Wiener Exekutive statt. Am 6. April wird Richard Schmitz zum Bürgermeister von Wien ernannt, aber die Stadt ist nur mehr ein Torso. Wien hat aufgehört, ein eigenes Bundesland zu sein und wird für „bundesunmittelbar" erklärt, die Bürger werden von der ständischen „Wiener Bürgerschaft" vertreten. Sogar das Wappen der Stadt wird geändert – der schwarze Doppeladler, auf der Brust den rot-weiß-roten Bindenschild, wird wieder eingeführt.

Aus dem Wiener Stadtbild soll alles verschwinden, was an die Demokratie erinnert. Die Büsten des Republikdenkmals am Ring werden mit Kruckenkreuzfahnen verhüllt, und einige Tage später wird das Denkmal sogar ganz abgetragen: Anstelle der Büsten von Hanusch, Adler und Reumann kommen große Bilder der neuen Helden Fey, Dollfuß und Starhemberg.

Der Schöpfer von Viktor Adlers Büste erlebt diesen Tag jedoch nicht mehr: Bereits am 7. Jänner ist der bedeutende Bildhauer Anton Hanak, der zahlreiche Werke für das „Rote Wien" geschaffen hat, im Alter von 59 Jahren gestorben.

Alle sozialistischen Partei-, Gewerkschafts- und Kulturorganisationen

---

Wenn die Hilfe gar nicht oder zu spät kommt, dann wird das Gemetzel in Österreich zur infernalischen Orgie werden. Man kennt ja diesen Typ der älplerischen Apotheker und Bauernburschen im Ausland überhaupt nicht! Man glaube uns: Ein makabrer Kirtag wird über den besseren Teil des österreichischen Volks kommen, die große Hetz des Messer raus! So helft ihnen doch!

Sie haben, inmitten eines furchtbaren Absturzes aller Lebenswerte, sich für uns eingesetzt; sie haben mit inbrünstiger Selbstaufopferung unsre Generation und unsre Gesinnung rechtfertigt.

Eine lumpige Heurigenphrase wird plötzlich zur gültigsten Aussage: Wien – dieses Wien – geht nicht unter! Wenn es noch eine Zukunft, wenn es noch Sozialismus geben wird – aus dem Wiener Heldentum werden sie erwachsen, dessen würdig zu sein der einzige Sinn unseres Lebens bleibt.
Willi Schlamm, So helft ihnen doch!

Die Stadt, die von der Ufa zu einer sentimentalen Kulisse des Deutschtums degradiert wurde, einem Wein-München mit einem bißchen Dreivierteltakt, hat nie ein nobleres Gesicht gezeigt als in diesen Tagen. Wenn tragisches Gewölk über ihr aufzieht, lernt sie zu schweigen; sie zieht sich alsdann in ihre berüchtigte Teilnahmslosigkeit wie in eine Trutzstellung des Spottes zurück; und ihr Lächeln wird bedeutungsvoll-gottergeben. Jeder Wiener ist ein geborener Zuschauer. Gegenüber Aufregungen und Umwälzungen, die ohne sein Dazutun entstanden, besteht seine Kunst darin, die Zuschauermiene zu übertreiben. Er macht den paar tausend vom Land oder noch weiter hergekommenen Darstellern der Volksstimme apathisch Platz und benützt den Gehsteig als Stehparterre. Seine Kritik gilt dann sehr tiefsinnig ihren Anzügen, ihren Hüten, ihren Nasen, ihren Stimmbändern, doch fast nie ihren Gesinnungen. Sind diese, sagt er sich, nicht vollendet in jenen ausgedrückt? So wird man ihm nie einreden können, daß ihn etwas angeht, was sich unwienerisch gebärdet, das heißt, was mit der Gerechtigkeit und dem Menschen nichts zu tun hat. Er hält sich an die Hüte, an die Hosen, an die Nasen.

Anton Kuh

werden in der Folge aufgelöst, das Vermögen der Sozialdemokratischen Partei wird eingezogen. Die Steuergesetze für Wien werden drastisch geändert, die von den Reichen so verhaßten „Breitner-Steuern" wie Nahrungs- und Genußmittelabgabe, die Hauspersonal- und die Pferdeabgabe werden gestrichen, die Bodenwertabgabe und die Lustbarkeitssteuern deutlich gesenkt. Das Wohnbauprogramm Wiens wird eingestellt, die Glöckelschen Schulreformen werden rückgängig gemacht und durch eine ständisch orientierte Erziehung mit stark religiösen Elementen ersetzt.

Am 30. April erlebt Dollfuß den Höhepunkt seiner Herrschaft: der Nationalrat, der als Rumpfparlament erstmals seit März 1933 wieder zusammentritt, und der Bundesrat beschließen eine neue Verfassung, die sogenannte „Maiverfassung 1934", die, erarbeitet von dem Vorarlberger christlichsozialen Politiker Otto Ender, die einzelnen Berufsstände als tragende Säulen des Verfassungsgebäudes vorsieht. Österreich ist ab nun ein christlicher deutscher Bundesstaat auf ständischer Grundlage. Der 1. Mai, bis dahin der Feiertag der Arbeiter, wird nun auch vom Regime groß gefeiert. Am Morgen gibt es einen Festgottesdienst im Stephansdom, dann folgt ein Huldigungsfestzug der Stände über die Ringstraße, und eine Feier der Jugend beschließt den Tag im Wiener Stadion. Während die einen feiern, bangen die Beamten des Bundes und der Stadt Wien weiter um ihre Arbeitsplätze. Wer sich nicht sofort in die Vaterländische Front einschreiben läßt, wird entlassen. In wenigen Monaten wächst diese Organisation auf solche Weise von 500 000 auf fast zwei Millionen Mitglieder an.

Wer doch noch einen Arbeitsplatz hat, tut gut daran, ihn unter allen Umständen zu behalten. In Österreich gibt es nur mehr 15 Betriebe mit mehr als 1 000 Beschäftigten, und 44 Prozent aller Industriearbeiter sind arbeitslos. Die neue Wiener Landesregierung sieht das Problem und initiiert ein großes Bauprogramm in Wien, um die Arbeitslosigkeit zu senken. Am 17. Mai nimmt Bundeskanzler Dollfuß den Spatenstich zum Bau der Wiener Höhenstraße vor; gleichzeitig beginnt man mit dem Neubau der Reichsbrücke. Auf der Wiener Straßenbahn wird ein billiger Kurzzonen-Tarif eingeführt. Bezahlte man bisher für die einfache Fahrt 32 Groschen, so kann man nun um 10 Groschen eine Zone fahren. Das Geld wird in eine Box hinter dem Fahrer eingeworfen.

Es gibt auch neue Geldstücke in diesem Jahr: Alle 5-Schilling-, 1-Schilling- und 50-Groschen-Münzen werden gegen neue ausgetauscht.

Während man die vielen Wiener Arbeiterbibliotheken mühsam von „gefährlichem Schrifttum" säubert – unter anderem werden die Werke von Jack London, Anton Kuh, Walter Mehring, Kurt Tucholsky, Arthur Schnitzler, Karl Kraus und Bertha von Suttner entfernt –, findet im Wiener Künstlerhaus die „Österreichische Kriegsbilderausstellung 1914 bis 1918" statt, die der Verherrlichung des Krieges gewidmet ist.

Auch viele Schriftsteller schwenken nun auf den neuen autoritären Kurs der Regierung ein. Symptomatisch dafür ist die Abwahl von Felix Salten als Präsidenten des österreichischen PEN-Clubs, dem er seit dessen Gründung im Jahre 1922 vorgestanden ist. Sein Nachfolger wird niemand anderer als der Kärntner Lyriker Guido Zernatto, der nebenbei auch noch Generalsekretär der Vaterländischen Front ist. Zu diesem Zeitpunkt haben viele Schriftsteller den PEN-Club bereits verlassen. Es sind dies jene „völkisch-nationalen" Autoren, die sich insgeheim bereits dem Nationalsozialismus verschrieben haben und nun auf kulturpolitischem Gebiet den „Anschluß" vorzubereiten helfen. Zu ihnen gehören etwa Mirko Jelusich, Robert Hohlbaum, Egon Caesar Conte Corti, der 1934 die Bestseller-Biographie „Elisabeth, die seltsame Frau" veröffentlicht, und Bruno Brehm. Dennoch erblicken in diesem Jahr auch hochrangige literarische Werke das Licht der österreichischen Öffentlichkeit: Elias Canetti stellt seine bizarre „Komödie der Eitelkeit" vor, Alexander Lernet-Holenia den Roman „Die Standarte", einen nostalgisch-symbolträchtigen Abgesang auf die Habsburgermonarchie, und Ödön von Horváth publiziert seine Komödie „Figaro läßt sich scheiden". Um die staatstreue, loyale österreichische Kunst zu fördern, wird in diesem Jahr auch ein Staatspreis für bildende Kunst, Literatur und Musik geschaffen, den der Maler Herbert Boeckl für sein Altarbild „Hymnus an Maria" erhält.

Nach dem Drama des Februar gehen viele österreichische Künstler in die Emigration: der Architekt Joseph Frank nach Schweden, Oskar Kokoschka nach Prag; 1938 wird er von hier nach London fliehen. Fritz Wotruba, befreundet mit Elias Canetti, verläßt Wien und geht nach Zürich.

1934 veröffentlicht Hans Kelsen, der Schöpfer der nun so skrupellos aufgehobenen Verfassung von 1920, seine „Reine Rechtslehre". Kelsen war bis 1930 Rechtsberater der österreichischen Bundesregierung gewesen und hatte dann enttäuscht Wien verlassen. Sein weiterer Lebensweg führte über Köln und Genf 1940 in die USA, wo er von 1942 bis ins hohe Alter an der Universität Berkeley in Kalifornien lehrte.

Kelsen konnte damit dem Schicksal der österreichischen Hochschullehrer entgehen, die alle laut einem Erlaß des Unterrichtsministers Kurt Schuschnigg in die Vaterländische Front eintreten mußten, egal ob sie den politischen Kurs der Regierung billigten oder nicht. Eine Anekdote erzählt, daß Schuschnigg einmal eine Rede in einer kleinen Stadt zu halten hatte und den örtlichen Funktionär der Vaterländischen Front nach der politischen Einstellung der Leute fragte. Der erzählte ihm, daß es hier einige Kommunisten gäbe, ein Viertel der Leute wären Nazis und der Rest Sozialdemokraten. „Und wer ist in der Vaterländischen Front?" erkundigte sich Schuschnigg verwundert. „Na jeder", ist die Antwort, „absolut 100 Prozent."

Auch über den Begriff des Ständestaates machte sich bald ein Wortspiel lustig, man fragte: „Welche drei Stände fehlen im Ständestaat?" Die Antwort: „Verstand, Wohlstand und Anstand."

Sie schossen mit Kartätschen auf Arbeiterhäuser. Drin waren die Frauen damit beschäftigt, den Kindern nichts zu essen zu geben. Und die Männer verteidigten sie in der Ausübung dieser letzten Mutterpflicht, die eine räudige Gesellschaftsordnung noch unangetastet ließ. Das war der Putsch der roten Verbrecher. Und dann erst gingen die Männer an die Erfüllung der letzten Vaterpflicht, die in dieser Zeit noch zu erfüllen bleibt: ins Massengrab möglichst viele von diesen hundsföttischen Katholiken mitzunehmen, die sterben und schießen lassen.
Sie kämpfen zu Tausenden, in einer Kameradschaft, wie die Welt sie noch nie sah.
So helft ihnen doch!
Willi Schlamm, So helft ihnen doch!

Trotziger Abschied

Wenn das Eisen mich mäht,
wenn mein Atem vergeht,
sollt stumm unterm Rasen mich breiten.

Laßt das Wortgespiel.
's war kein Held, der da fiel,
's war ein Opfer
verlorener Zeiten.
's war einer, der nie
nach Völkerblut schrie,
's war ein Bürger erst kommender Zeiten.

Wenn das Eisen mich mäht,
wenn mein Atem vergeht,
sollt stumm unterm Rasen mich breiten.

Josef Luitpold Stern

> Ich habe ja nur den Frieden haben wollen. Wir haben nicht angegriffen, wir mußten uns wehren. – Ich lasse meine Frau und meine Kinder schön grüßen.
> *Engelbert Dollfuß' letzte Worte*

Damit auch tatsächlich die ominösen 100 Prozent der Österreicher in der Vaterländischen Front bleiben, wird an der Philosophischen Fakultät der Universität Wien ein neues Ordinariat geschaffen, das „Extraordinariat Weltanschauung", das die Österreicher weltanschaulich und ideologisch „bilden" soll.

In Wien kann man ab dem späten Frühjahr 1934, natürlich illegal, wieder die „Arbeiter-Zeitung" kaufen. Diese, nun ein Wochenblatt, wird in Brünn gedruckt und in einer Auflage von 53 000 Stück über die Grenze geschmuggelt. Am 12. Juli wird ein neues Gesetz verkündet, das den Besitz von Sprengstoff und natürlich dessen Anwendung unter Todesstrafe stellt. Zahlreiche Nazis, auf die dieses Gesetz anzuwenden wäre, kommen aber dennoch mit Haftstrafen davon. Zu sehr hat Dollfuß den Zorn Hitlers zu fürchten. Anders hingegen verfährt man mit zwei Sozialdemokraten, Josef Gerl und Karl Anzböck, die man beim Versuch ertappt hat, einen Telegraphenmast am Wiener Handelskai zu sprengen. An Gerl will Dollfuß ein Exempel statuieren, und als am Vorabend der Hinrichtung Gerls Rechtsanwalt nochmals beim Bundeskanzler wegen einer Begnadigung intervenieren will, ist dieser nicht zu sprechen. Am 24. Juli wird Gerl durch den Strang hingerichtet. Einen Tag später aber, am schicksalsschweren 25. Juli 1934, ist auch Bundeskanzler Dollfuß tot, einem Putschversuch der Nationalsozialisten zum Opfer gefallen.

Die meisten Wiener hören von den Ereignissen des 25. Juli zu Mittag im Radio. Hier wird plötzlich verlautbart, die Regierung Dollfuß sei zurückgetreten, und Dr. Anton Rintelen, der ehemalige steirische Landeshauptmann und seit 1933 Österreichs Gesandter in Rom, habe die Regierungsgeschäfte übernommen. Zu diesem Zeitpunkt hält eine Handvoll nationalsozialistischer Putschisten das Gebäude der RAVAG, des österreichischen Rundfunks, besetzt; ein weiterer Trupp ist in das Bundeskanzleramt eingedrungen, wobei mindestens zwei der Putschisten – es ist nie ganz zufriedenstellend geklärt worden, wer es nun tatsächlich war – den Bundeskanzler durch Schüsse schwer verletzt haben. Minister Emil Fey und Staatssekretär Karl Karwinsky sind Gefangene. Die RAVAG wird gegen 15.30 Uhr von der Polizei freigekämpft. Zu diesem Zeitpunkt liegt Dollfuß bereits im Sterben. Die Putschisten haben ihn fast eine Dreiviertelstunde lang auf dem Boden liegen gelassen und ihn erst dann auf ein Sofa gebettet. Dollfuß verliert zeitweise das Bewußtsein, er bittet um einen Arzt und dann nur mehr um einen Priester. Beides wird ihm kaltblütig verweigert. Hilflos stirbt um 15.45 Uhr jener Mann, der die Demokratie in Österreich beseitigte und damit indirekt auch dem ihm verhaßten Nationalsozialismus den Weg ebnete.

Inzwischen hat Bundespräsident Miklas, am selben Tag ebenfalls Ziel eines Attentats, Justizminister Schuschnigg damit beauftragt, „mit allen Machtmitteln des Staates die gesetzliche Ordnung wiederherzustellen". Dieser, gerade 37 Jahre alt, verhandelt nun mit den Putschisten. Er verspricht ihnen freien Abzug, „*sofern noch kein Blut geflossen ist*", und als diese aufgeben, läßt er sie wegen des inzwischen bekanntgewordenen Mordes an Dollfuß verhaften und vor die Standgerichte stellen. Nur wenige Tage später, am 31. Juli, werden einige der Putschisten hingerichtet, darunter Otto Planetta und Franz Holzweber, die man verdächtigt, die tödlichen Schüsse auf Dollfuß abgegeben zu haben, sowie fünf Angehörige der Sicherheitswache. Die Galionsfigur des Putsches, Dr. Rintelen, zu diesem Zeitpunkt wohl nicht zufällig in Wien anwesend, unternimmt einen Selbstmordversuch und wird zu lebenslänglichem Kerker verurteilt.

Am 8. September – die neue Regierung unter Kurt Schuschnigg, den man später als den „Rechtsanwalt der Diktatur" bezeichnet hat, ist seit 30. Juli im Amt – kommt es nun doch zu einer machtvollen Demonstration der Vaterländischen Front. An ihrer Trauerfeier für Engelbert Dollfuß am Heldenplatz nehmen 150 000 Menschen teil. Am 29. September wird eine „Seipel-Dollfuß-Gedächtniskirche" am Vogelweidplatz im 15. Bezirk geweiht. Bereits am 9. September wird mit großem Prunk das neue Heldendenkmal im äußeren Burgtor enthüllt, das den österreichischen Gefallenen des Ersten Weltkrieges gewidmet ist.

Während so das Ständestaat-Regime an der Etablierung eines neuen Heldenkultes arbeitet, bewegen die Wiener viel profanere Sorgen: Viele Beamte und Bedienstete der Stadt Wien haben ihren Arbeitsplatz verloren, sei es aus Einsparungsgründen oder wegen ihrer politischen Überzeugung. Die Lohnsumme der Stadt Wien beträgt nur mehr bescheidene 90 Millionen Schilling gegenüber 160 Millionen im Jahre 1929. Dafür veröffentlicht die Regierung in den Zeitungen optimistische Inserate, die eine Behebung der Arbeitslosigkeit versprechen: „*Es gibt ein Wort voll Zauberkraft – Das allen Brot und Arbeit schafft – Kauft österreichische Waren.*" Im Dezember wird eine dieser besonderen österreichischen Waren, das „Volksbrot", eingeführt, das eine andere, minderwertigere Mehlzusammensetzung hat als das Normalbrot, dafür aber auch um 20 Prozent weniger kostet.

Das Volksvergnügen dieses Jahres ist nach wie vor der Fußball. Bei der Fußballweltmeisterschaft in Italien belegt Österreich den vierten Platz, nachdem es im Halbfinale durch ein umstrittenes Tor gegen Italien gescheitert ist. Im Kampf um den dritten Platz unterliegt Österreich Deutschland knapp mit 2:3. Die Admira erreicht das Mitropacup-Endspiel und besiegt in Wien den FC Bologna mit 3:2, verliert aber das entscheidende Spiel in Italien mit 1:4. Im Boxen wird Hans Zehetmayer Europameister im Halbschwergewicht.

Im Kino kann man einen jungen Star des Burgtheaters in seiner ersten Filmrolle bewundern: Paula Wessely spielt in dem Fin-de-siècle-Drama „Maskerade" ein einfaches Mädel, das einen Modemaler der High-Society, gespielt von Adolf Wohlbrück, liebt. Regie führen Willi Forst und Walter Reisch. „Ihre Ausstrahlung, ihr feinnerviges Spiel und ihre mundartlich

Lied eines Ausgesteuerten

Der Wind verfängt sich kalt in meinem Kragen,
in meinen Sohlen ballt sich hart der Schnee;
es gibt mir niemand Antwort, nur mein Magen
spricht noch mit mir, wenn ich im Lichthof steh.
Seit sieben Wochen
bin ich ausgesteuert,
sacht zuckt mein Mund, wenn er es laut beteuert;
es würgt im Schlund mein Lied
mich wie ein Stein
und schlägt doch nicht das kleinste Fenster ein.

Die lauten Straßen komm ich still geflossen,
still wie der Zorn, der sich durchs Herz mir schabt;
auch euch fühl ich mich längst entrückt, Genossen,
die ihr noch Arbeit
und zu essen habt.
Wenn euer Blick sich senkt vor meinen Strippen,
drängt sich ein Schimpfwort wüst mir auf die Lippen;
und daß ich euch schon nicht mehr leiden seh,
tut mehr vielleicht noch als der Frost mir weh.

Verächtlich bin ich mir schon selbst geworden,
allzu beweglich
sitzt mir das Genick;
nach Äpfeln späh ich
auf den Fensterborden
und auf dem Steig im Schnee nach einem Tschick.
Und wenn die Silben mir im Mund sich dehnen
beim Singen, zieht's mich nur in allen Sehnen,
mit Schnaps den leeren Magen vollzutun
und im Erbrochnen warm und gut zu ruhn.

Theodor Kramer, Mit der Ziehharmonika

leicht gefärbte Sprachmelodie" lobt die Kritik an der Darstellung Paula Wesselys besonders, die damit zum neuen Star der Wien-Film avanciert. Und noch ein Filmstar wird in diesem Jahr geboren, der auf Anhieb die Menschen verzaubert: Walt Disneys Donald Duck erlebt seinen ersten Auftritt auf der Leinwand.

Bei allen Problemen und politischen Wirren, die das Jahr 1934 den Wienern schon beschert hat, ein Ereignis trifft sie zu Jahresende noch besonders hart: Am 10. Dezember legt Clemens Krauss die Direktion der Wiener Staatsoper nieder, um nach Berlin zu gehen. Als er am nächsten Tag das letzte Mal an das Dirigentenpult der Staatsoper tritt, um den „Falstaff" zu leiten, kommt es zu wüsten Pfeifkonzerten und Publikumsdemonstrationen gegen ihn, weil die Wiener seinen Abgang nach Berlin als Verbeugung vor den Nazis empfinden, die in Berlin gerade Wilhelm Furtwängler abgesetzt haben. So wenig berechtigt dieses Verhalten des aufgebrachten Publikums auch sein mag, eines manifestiert sich darin doch: Es gibt sehr wohl noch ein österreichisches Staatsbewußtsein, und noch ist man stolz auf seine kulturellen Leistungen. Eifersüchtig wacht man über jene Schätze, die nationale Größe zumindest suggerieren können.

1935 – Vaterländischer Kult im deutschen Österreich

Unter der friedliebenden Bevölkerung hat sich infolge der bedrängten wirtschaftlichen Lage, welche bisher keine wesentliche Besserung erfahren hat, eine gewisse Gleichgültigkeit gegenüber den politischen Vorgängen und der vaterländischen Bewegung, teilweise auch Verbitterung und Hoffnungslosigkeit eingestellt. Das Vordringen der Vaterländischen Front stößt daher auf große Schwierigkeiten.
Bericht der Sicherheitsbehörden über die politische Lage in Wien, 1935

Zu Beginn des Jahres 1935 veranstaltet die Stadt Wien im Rathaus nach langer Zeit wieder den „Ball der Stadt Wien". Den illegalen Sozialisten gelingt es, sich die offiziellen Einladungslisten zu besorgen, ein Coup, der von ihnen geschickt ausgenützt wird: So können die verblüfften Festgäste, als sie ihre auf wunderschönem Büttenpapier gedruckten Einladungen öffnen, folgendes lesen: *„Einladung zum Ball der Stadt Wien – der am 7. Februar von den Führern des Faschismus in Österreich, den wohlbekannten Henkern und Mördern, veranstaltet wird. Jeder treue Mitarbeiter am Aufbau dieses Zuchthausstaates hat sein Erscheinen zugesagt. Die Sicherheit der Gäste gegen etwaige Störungen durch die hungernden Massen Wiens ist durch den Einsatz der bewaffneten Exekutive und die Verhaftung von einigen Tausenden illegalen Sozialisten unbedingt gewährleistet . . ."* In diesem Stil geht es noch eine ganze Weile lang weiter. Unterschrieben ist die gefälschte Einladung von den *„Schlächtern und Mördern des Februar"*.

Die Sozialisten, die ja in vielen Druckereien noch immer ihre Genossen sitzen haben, können sich auf diese Art und Weise immer wieder bemerkbar machen, und jedesmal endet es mit einer bösen Blamage für die Regierung Schuschnigg. So auch bei der Herausgabe eines streng vaterländisch orientierten Buches mit dem Titel „A.E.I.O.U.", das bald nach seinem Erscheinen wieder eingestampft werden muß, weil es darin von unsinnigen Sätzen nur so wimmelt.

Ein weiteres grandioses Ballereignis in Wien ist der erste Opernball seit dem Ersten Weltkrieg, der am 26. Jänner stattfindet. Es wird eine große Repräsentationsfeier, die vor 4 000 geladenen Gästen in Szene geht. Nach der Eröffnung tanzt das Opernballett eine Einlage im Stil der legendären Tänzerin Fanny Elßler. Der Reinertrag aus dem Opernball soll der österreichischen Winterhilfe zukommen. Diese erbringt bis zum April 1935 13,5 Millionen Schilling. Auf diese Winterhilfe, organisiert nach deutschem Vorbild, sind viele Österreicher im Jänner 1935 dringend angewiesen: Insgesamt zählt man 326 000 Arbeitslose, die Ausgesteuerten werden in dieser Zahl gar nicht mehr erfaßt. Den Ärmsten der Armen hilft auch die immer heftiger anwachsende Propaganda der Vaterländischen Front nichts, die unter Einsatz aller zur Verfügung stehenden Mittel die Österreicher davon überzeugen möchte, daß es mit der Wirtschaft wieder aufwärtsgeht. Am Ende des Jahres kann die „Wiener Zeitung" zumindest eine stolze Bilanz der regierungstreuen Propagandatätigkeit vorlegen: 1935 gab es in ganz Österreich 6 000 Versammlungen und größere Kundgebungen, 4 500 Sprengelsprechabende, 450 Bezirks- und Landesappelle und 500 Kinovorführungen; davon waren 1 000 Veranstaltungen nur für Arbeiter bestimmt. Neben 12 Millionen Flugzettel und Broschüren werden 100 000 Stück Instruktionsbehelfe, 500 000 Wandzeitungen und eine Million Plakate ausgegeben.

Plakatiert wird viel in Wien. Das bekannteste politische Plakat des Jahres 1935 ist „Den toten Helden des Jahres 1934" gewidmet und zeigt die Totenmaske von Engelbert Dollfuß, die Schuschnigg immer auf seinem Schreibtisch stehen hat, umgeben von Kruckenkreuz und Lorbeerkranz. Das Plakat der Winterhilfe wirbt mit einem flehentlich aufblickenden Kindergesicht und dem Vers: „*Willst Tränen du trocknen – Willst Not du lindern – Dann folge dem Ruf – Hilf hungernden Kindern.*" Die kommerziellen Plakate sind dagegen bunt und fröhlich. Nivea-Creme zeigt ein junges Pärchen beim Schilauf, und Minerva Radio wirbt um die 560 000 Radiohörer mit einer hübschen Dame im roten Kleid, die vor sich ein Radio stehen hat und zu einem sternenübersäten Himmel hinaufblickt. Das Kleid der Dame ist am Rücken tief ausgeschnitten, wie es die Mode der dreißiger Jahre verlangt, die auch in schlechten Zeiten die Frauen stets bewegt hat. In Wien ist es das Modellhaus von Gertrude Höchsmann, einer Schülerin der Wiener Werkstätte, die der Wienerin den guten Ton angibt. Ihre Mode ist fraulich elegant, das figurbetonte, wadenlange Prinzeßkleid mit einem schmalen Gürtel zur Betonung der Taille bestimmt die Mode. Gerne trägt man auch Rock und Bluse mit einem Bolero-Oberteil oder Kasack. Die Schultern werden durch große Puffärmel betont. Die Abendkleider haben tiefe, aber dezente Dekolletés und weite V- und U-förmige Rückenausschnitte. Verrückt sind die Frauen, zumindestens die, die es sich leisten können, auf Hüte. Die Auswahl des passenden Hutes zeugt vom guten Geschmack der Dame, und der Hut wird immer wieder der neuesten

---

Sie nehmen alles Mittelmäßige, wenn es sich plötzlich bekennt, und versuchen nun, darauf den Begriff des Neuen Österreichers zu errichten. Sie haben ihn nicht; sie können das Mittelmaß zwar nicht aufnehmen, aber dann dienen lassen: sondern sie müssen ihn nach dem Mittelmaß bilden . . .
Robert Musil, Tagebücher

Neulich mußte ich einem Franzosen, der Wien gern hat und ab und zu herkommt, Aufschlüsse geben. Der Fremde, der das Bild der Stadt von früheren Jahren her kennt, hat oft einen geschärfteren Blick für den Wandel der Dinge als der Einheimische . . . Der Fremde fragt mich, wieso es komme, daß sich Wien in der äußeren Form seiner Menschen, in der Kleidung so verändert habe. Ihm fiel es auf, daß die großstädtischen Menschen – und Wien ist noch immer eine Großstadt, nach Berlin und Paris die drittgrößte Stadt des Kontinents – die Tracht der alpenländischen Provinz bevorzugen, mitten im Getriebe der Großstadt das Kleid des Bauern, die kurze Lederhose und die Wadenstutzen tragen . . . Früher wär's nicht möglich gewesen, etwa als Regierungsrat in diesem Anzug ins Büro zu kommen. Schon der Portier hätte gestutzt: Wollen der Regierungsrat vielleicht den Dachstein besteigen?
Karl Tschuppik

Mode angepaßt. Die Haarmode schreibt kinnlange, leicht gelockte Frisuren vor, die den Kopf eng umschmeicheln und die Ohren nicht bedecken dürfen.

Diejenigen, die sich den Opernball nicht leisten können, gehen im Sommer 1935 in den Wiener Prater. Hier ist es weniger steif, gemütlicher und vor allem billiger. So kostet im Gasthaus „Zum Schwarzen Tor", das unter der Leitung Wilhelm Leichts steht, der allgemein nur „Papa Leicht" gerufen wird, ein Paar Klobassen mit Saft und Kartoffeln nur 50 Groschen. Zu diesen leiblichen Genüssen gibt es auf der kleinen Gasthausbühne noch ein Varieté- oder Theaterprogramm.

Bundeskanzler Schuschnigg, von dem Otto von Habsburg sagte: *„Seine Brille ist eine Glaswand, die ihn von den Menschen trennt"*, hat 1935 schwer zu kämpfen. Die Hoffnungen der Menschen auf eine wesentliche wirtschaftliche Besserung kann er noch immer nicht erfüllen. Und jetzt stellt sich auch die Heimwehr gegen ihn, deren Führer, Vizekanzler Ernst Rüdiger Fürst Starhemberg, unumwunden erklärt: *„Wir werden uns mit den anderen Gegnern auseinandersetzen müssen."* – Gemeint ist damit Schuschnigg und sein Programm des politischen Katholizismus, das zu einer gewaltigen Aufwertung des Klerus geführt hat.

Die Umklammerung durch die Wirtschaftskrise ist nicht zu durchbrechen: Allein die Arbeitslosenunterstützung macht im Jahr die enorme Summe von 250 Millionen Schilling aus. Das ist viel, wenn man bedenkt, daß die „Österreichische Arbeitsanleihe", die im Jahr 1935 aufgelegt wird, gerade 140 Millionen Schilling erbringt. Zum anderen kann und will Schuschnigg sich nicht mit den Sozialdemokraten aussöhnen. Diese Politik des Kompromisses versucht dagegen der noch von Dollfuß eingesetzte dritte Vizebürgermeister von Wien, Ernst Karl Winter, der sich in „Ausspracheabenden" bemüht, die Arbeiter Wiens für den Ständestaat zu gewinnen. Die Aktion wird von Schuschnigg im Juni 1935 verboten, Winter wird entlassen.

Statt dessen versucht man, mit Großprojekten die Beschäftigung anzukurbeln und macht dies auch in der Propaganda deutlich. Am 16. Oktober wird der erste Bauabschnitt der Wiener Höhenstraße von Grinzing auf den Kahlenberg eröffnet, und die Gemeinde Wien richtet einen eigenen Busdienst mit bergtauglichen Bussen ein. Etwa 600 Bauarbeiter haben nur etwas mehr als ein Jahr für die Errichtung dieser Straße gebraucht, wobei sie allerdings teilweise der Trasse der alten, längst aufgegebenen Zahnradbahn auf den Kahlenberg gefolgt sind. Bereits am Tag nach der Eröffnung der Höhenstraße beginnt man mit dem Bau eines Funkhauses in der Argentinierstraße nach den Plänen von Heinrich Schmid, Hermann Aichinger und Clemens Holzmeister. Da es in Wien immer mehr Bettler auf den Straßen zu sehen gibt, versucht man die Gründung einer Beschäftigungsanstalt für Bettler.

Trotz Krise steigt jedoch die Zahl der Autos beständig. Um den Verkehr

---

Mit allen Mitteln der Diffamierung, durch Verleumdung der Armeeführer, durch Verhöhnung der Offiziere, durch Aufreizung des Pöbels gegen den Soldaten, versuchten die revolutionären Nutznießer des Zusammenbruches den Begriff des Krieges und Helden aus den Gehirnen und Herzen der Massen auszumerzen. Vom Krieg wurde nicht anders geredet als vom Abenteuer in Blut und Dreck, Feigheit wurde als Klugheit verherrlicht, Offiziere als Dummköpfe, Landsknechte, Fresser und ehrlose Menschenschlächter verrufen.

Und dennoch gelang es nicht, im Volke den Glauben an soldatische Pflichterfüllung, an Ehre, Führerberuf und Heldentum auszurotten, ja in den Zeiten der schwersten Not und Entbehrung hofften und glaubten die Massen nicht an eine Rettung durch sich selbst oder durch einen Helden der Feder, sondern nur durch einen wahrhaften Führer, durch einen Mann von Selbstlosigkeit und Heldenmut, der durch Not und Leid hindurch, durch Kampf und Opfer seinem Volke den Weg zur Befreiung, zu sich selbst zeige und bahne! Der Mythos vom Helden und Führer lebte wieder auf!

Leopold Langhammer, Nach neuen Helden ruft die neue Zeit

flüssiger zu gestalten, wird die erlaubte Höchstgeschwindigkeit von 30 auf 40 Stundenkilometer hinaufgesetzt; noch immer recht wenig, denn im Vergleich dazu schafft eines der populärsten Autos jener Zeit, der „Opel Olympia", mit seinen 24 PS immerhin schon eine Dauergeschwindigkeit von 90 Stundenkilometern. Daß Autofahren auch anno 1935 gar nicht so ungefährlich ist, zeigt das Schicksal der Gattin Schuschniggs, Herma, die am 13. Juli bei einem Autounfall ums Leben kommt.

Eine Berufsgruppe konnte sich sicher kein Auto leisten: die Beamten. Ihr wurde im Jahre 1935 eine Beförderungssperre und ein Vorrückungsstopp auferlegt, man führte eine Diensttaxe als Sonderabgabe ein und veranlaßte eine Beurlaubung gegen Wartegeld, daß heißt eine vorübergehende Versetzung in den Ruhestand mit Zuerkennung von fünf Dienstjahren. Und die Beamten konnten ab nun fristlos entlassen werden, wenn sie „... *wegen Verletzung einer von der Regierung erlassenen Verordnung bestraft worden sind."* Weiters wurden Rentenkürzungen und Beitragserhöhungen bei den Sozialversicherungen verfügt, da hier ein Verlust von 50 Millionen Schilling drohte.

Auch die Wiener Theater befinden sich in einer schwierigen Lage: Am 30. September muß das Wiener Raimundtheater, bekannt wegen seiner Aufführungen betont volkstümlicher Stücke, schließen. Aber es gibt auch so für die Wiener genügend Spektakel zu sehen: Am 24. September wird in Wien eine große Luftschutzübung abgehalten, der theoretisch angenommene Angriff richtet sich gegen den 2., 20. und 21. Bezirk und dauert fast den ganzen Vormittag über. Auch der 1. Mai wird wieder festlich mit einem Umzug der Stände auf der Ringstraße begangen. Allerdings trüben an diesem Tag Schneetreiben und Kälte die Festtagsstimmung. Am 2. Juni wird in Wien eine sogenannte „Wasserprozession" veranstaltet. Anlaß ist die Enthüllung des Denkmals von Marcus d'Aviano, der wegen seiner Rolle bei der zweiten Türkenbelagerung zum Schutzheiligen des Ständestaates hochstilisiert wird. Man fährt mit einer kleinen Flotte aus Motorschiffen von Nußdorf nach Klosterneuburg, dann stromabwärts zum Praterspitz und den Donaukanal aufwärts bis zur Urania.

In Schönbrunn kann man eine Ausstellung zum Leben Kaiser Franz Josephs sehen, und hören kann man am 11. Dezember die Uraufführung von Alban Bergs „Lulu-Symphonie". Der Komponist stirbt wenige Tage später, am Heiligen Abend, in Wien.

Man versucht auch die populärsten Hobbys der Wiener zu vereinen, nämlich Sport und Musik. Im Juli wird der Sportplatz auf der Hohen Warte zu einer riesigen Freiluftarena umgebaut, und als erste Opernvorstellung wird dem Publikum „Aida" geboten. Nichts kann jedoch die Beliebtheit des Fußballs schmälern: Rapid wird in diesem Jahr Meister, das Fußball-Länderspiel gegen Italien am 24. März geht mit 0:2 verloren. Erfolgreicher ist ein junger Boxer namens Hans Lazek, der in diesem Jahr Box-Europameister im Halbschwergewicht wird, indem er den Italiener Merlo Preciso

---

Man kann jetzt in Wien um 33 Groschen ein Hundetheater nebst einigen Künstlern sehen, das überall ausverkaufte Häuser macht. Dieses gute Beispiel nachahmend, gibt an der Peripherie ein Unternehmer schon Vorstellungen um 23 Groschen. Lange wird es nicht mehr dauern, so wird sich ein Direktor finden, der um 13 Groschen ein Programm bietet, und zuletzt werden in Wien Vorstellungen bei freiem Entree veranstaltet, bei denen die Künstler nur absammeln gehen. Es ist direkt unglaublich, welche Auswüchse zu verzeichnen sind. Auf der einen Seite gaben drei Künstler Reklamevorstellungen für eine Marmeladen- oder Margarinefabrik, auf der anderen gibt die Schriftstellerin O. T. in einem Café einen Kabarettabend, bestritten von den blutigsten Dilettanten. Diese Kunstanwärter müssen 20 bis 30 Karten pro Abend verkaufen, dann erst dürfen sie auftreten und können von ihren Verwandten und Bekannten bewundert werden. Die Schriftstellerin aber heimst einen ganz schönen Reingewinn ein ...

Der Artist, April 1935

...
Wir sind der Straßenstaub der großen Stadt,
Wir sind die Nummer im Katasterblatt,
Wir sind die Schlange vor dem Stempelamt
Und unsre eignen Schatten allesamt.

Soll der Mensch in uns sich einst befreien,
Gibt's dafür ein Mittel nur allein:
Stündlich fragen, ob wir Menschen seien,
Stündlich uns die Antort geben: Nein!

Wir sind das schlecht entworfne Skizzenbild
Des Menschen, den es erst zu zeichnen gilt.
Ein armer Vorklang nur zum großen Lied.
Ihr nennt uns Menschen? Wartet noch damit!
Jura Soyfer, Lied des einfachen Menschen

k.o. schlägt. Lazek gilt als leichtfüßiger, eleganter Boxer, und es verwundert nicht, daß er nach dem Krieg mit seiner Frau eine Mannequinschule in Wien gründet. Auch der Radrennsport hat seine Anhänger, und ein noch relativ unbekannter Bahnfahrer namens Ferry Dusika gewinnt den großen Preis von Europa auf der Wiener Stadionradrennbahn, während der Arbeiterradrennfahrer Karl Kühn die „Semperit-Rundfahrt" mit 22 Minuten Vorsprung für sich entscheidet. Schnell unterwegs ist auch der Eisschnelläufer Karl Wazulek, der sich in Helsinki den Titel eines Europameisters holt. Elegant wie immer – Karl Schäfer, der im Eiskunstlauf in Budapest zum sechsten Mal Weltmeister wird. Toni Seelos, ein begnadeter Schirennläufer, nach dem sogar eine Torkombination benannt wird, erringt bei den noch immer inoffiziellen Schiweltmeisterschaften in Mürren in der Schweiz die Titel im Slalom und in der Kombination.

Am 24. Mai stirbt in Wien Dr. Oskar Bohr, einer der populärsten Ärzte von Wien, den man gerne als „Volksarzt" und als „Schutzengel der Armen" bezeichnete. Bohr war ungemein beliebt in Wien, teils weil er Tag und Nacht, Sonn- und Feiertag für seine Patienten erreichbar war, teils weil er seine Honorare stets dem Einkommen der Kranken anpaßte. 1929 war er im Mittelpunkt einer aufsehenerregenden Rauschgiftaffäre gestanden, da sich Süchtige mit von ihm unterzeichneten Rezepten Morphium besorgt hatten. Im Prozeß bekam er drei Tage Arrest wegen leichtfertiger Ausgabe von Rezepten, was aber zur Aufhebung seiner Praxis durch die Ärztekammer geführt hätte. Darauf erhob sich ein Proteststurm in der Bevölkerung, die „Kronen-Zeitung" sammelte 50 000 Unterschriften für den Arzt, und in der Berufungsverhandlung wurde Dr. Bohr freigesprochen. Diesen Freispruch feierten seine Patienten mit einem riesigen Fackelzug quer durch den 3. Bezirk.

1935 ist kein großes und bedeutendes Jahr für die Wiener Kultur. Zu sehr wirken hier noch die Ereignisse von 1934 nach, die Künstler schweigen oder gehen in die innere Emigration bzw. ins Exil.

Elias Canetti veröffentlicht seinen großen Roman „Die Blendung", der sich in sehr diffiziler Weise mit dem Problem der Macht und der Massenpsychose beschäftigt, Dinge, über die man im Ständestaat nicht unbedingt gerne nachdenkt. Auch Ödön von Horvath vermag dem kulturpolitischen Programm des Ständestaates nicht zu entsprechen, wie man in der äußerst rechtslastigen Kulturzeitschrift „Augarten" anläßlich einer Rezension seines bereits 1932 geschriebenen Stückes „Kasimir und Karoline" lesen kann: *„Ein Volksstück nennt Ödön Horvath in grober Mißdeutung dieses Begriffes sein Stück. In Wirklichkeit handelt es sich um eines jener Milieustücke aus den dunkelsten Teilen der Großstadt, ein Stück jener tendenziösen Nachkriegsliteratur . . . Sie wollen alle das Leben zeichnen, diese Herren . . . Sie zeichnen alle vorbei . . ."*

Einer, der seine Figuren mit feinfühliger Präzision zu zeichnen vermag, ist Joseph Roth: 1935 veröffentlicht er seine Version der Geschichte Napoleons, „Die hundert Tage", einen historischen Roman, der sich deutlich gegen die Flut an trivialer Heldenepik wendet, deshalb aber auch von den zeitgenössischen Lesern wenig beachtet wird. Besser fahren die Literaten, die sich dem Zeitgeist anpassen können, wie der Lyriker Josef Weinheber, der seit der Herausgabe seiner Gedichtsammlung „Adel und Untergang" im Jahre 1934 vom Staat gefördert wird, obwohl er bereits 1931 der NSDAP beigetreten ist und dieser auch nach ihrem Verbot 1933 nahesteht. 1935 veröffentlicht er sein vielleicht populärstes Werk, „Wien wörtlich", eine poetische Huldigung der Stadt zwischen Donau und Wienerwald, die teilweise im leichten Wiener Dialekt geschrieben ist und deshalb gut beim Publikum ankommt.

Damit auch die neu produzierten Filme in Zukunft den Intentionen des Regimes entsprechen, wird 1935 die Filmzensur in Österreich eingeführt; sie soll gegen die drohende „kulturelle Verwilderung" des Staates ankämpfen. Sicher keine Probleme mit der Zensur brachte der nächste Film mit Paula Wessely, „Episode", in dem sie eine kleine Kunststudentin zu spielen hatte. In Deutschland verbietet Goebbels jedoch den Film, weil sein Regisseur, Walter Reisch, als „rassisch nicht einwandfrei" gilt. An internationalen Filmen entsteht in diesem Jahr die „Meuterei auf der Bounty" mit Charles Laughton und Clark Gable, und bei der Oscar-Verleihung bekommt Luise Rainer, deren Debüt die Wiener im Jahre 1931 erlebt hatten, den Oscar für die beste weibliche Hauptrolle in dem Film „Der große Ziegfield". 1936 wird ihr dieser Preis nochmals zugesprochen, diesmal für ihre Rolle in der Verfilmung des Pearl-S.-Buck-Romanes „Die gute Erde". Den Staatspreis für Architektur erhält 1935 der Architekt Ernst Anton Plischke für sein „Haus am Attersee", und Oswald Haertl darf den österreichischen Pavillon auf der Weltausstellung in Brüssel bauen. Ein anderer großer Wiener Architekt, Oskar Strnad, stirbt in Bad Aussee.

Zu keiner Zeit aber können die Menschen die Ereignisse des vergangenen Jahres vergessen. Im April 1935 findet der Prozeß gegen die Führer des Republikanischen Schutzbundes statt. Vor Gericht stehen nicht die sozialdemokratischen Politiker, die längst im Exil sind, sondern Major Alexander Eifler, ehemals Stabschef des Schutzbundes, und sein Stellvertreter, Hauptmann Rudolf Löw. Diese beiden und einige andere Angeklagte werden zu langjährigen Freiheitsstrafen verurteilt. Der Prozeß erregt großes internationales Aufsehen, und viele ausländische Regierungen entsenden Beobachter. Schuschnigg weiß, daß er vom Ausland abhängig ist und noch längere Zeit sein wird, und bei der großen Weihnachtsamnestie von 1935 werden daher 1 505 Sozialisten, aber auch 440 Nationalsozialisten freigelassen. Zu dieser Zeit sitzen schon wieder andere Sozialisten im Gefängnis und warten auf ihren Prozeß, darunter ein junger Schriftsetzer und ein Student, die später einmal die Geschicke Wiens und Österreichs bestimmen werden: Franz Jonas und Bruno Kreisky.

An politischen Ereignissen, die die Titelspalten der österreichischen Zei-

> Genossen, ist euch nun klar,
> Daß im Februar eine Klassenschlacht war?
> Daß nur ein Teil der Arbeiterklasse
> Den Kampf geführt, während die große Masse
> Beiseite stand und den Weg nicht fand?
>
> *Anonym, 1935*

tungen 1935 füllen, ist noch zu vermelden, daß am 13. Juli die aus dem Jahre 1919 stammende Landesverweisung der Habsburger aufgehoben wird; am 14. März wird Anton Rintelen wegen seiner Rolle im Naziputsch des Jahres 1934 zu lebenslangem Kerker verurteilt, und am 10. Oktober wird verlautbart, daß die Stadt Wien ab nun jährlich einen Betrag von acht Millionen Schilling an den Bund als Wehrbeitrag zu entrichten habe.

Am 3. August eröffnet man die Großglockner-Hochalpenstraße, errichtet nach den Plänen des Ingenieurs Franz Friedrich Wallack. Da in diesem Jahr der Tourismus in Österreich erfreulicherweise gegenüber 1934 um 92 Prozent zunimmt, können hier noch im Jahre 1935 742 984 Schilling an Mautgebühren eingehoben werden.

> In ihrer Wohnung in Mauer, Neugasse Nr. 12, hat sich gestern die Frau eines Arbeitslosen wegen Notlage zu vergiften versucht. Die Unglückliche schrieb vorher einen Abschiedsbrief, der aber erst einige Stunden nach dem Selbstmord bei dem Adressaten eintraf. Die Lebensmüde, ihr Name ist Theresa Strasser, wurde auf Veranlassung der Gemeindepolizei nach Wien in das Rochusspital gebracht. Im Abschiedsbrief schrieb die bemitleidenswerte Frau u. a.: „Ich gehe in den Tod, während das Radio Schrammelmusik spielt. Der Abschied von meinem braven Mann und von meinem Kind fällt mir schwer, aber ich ertrage den Hunger nicht länger, ich kann nicht mehr weiterkämpfen."
>
> *Kronen-Zeitung, 28. September 1935*

Zu Weihnachten stellt man in den Straßen Wiens wieder Weihnachtsbäume auf. Sie sollen an die Armen und Arbeitslosen erinnern. Zwei neue Denkmäler für Gotthold Ephraim Lessing und Auer von Welsbach werden eingeweiht. Im Dezember findet eine Volkszählung statt, damals noch „Einwohnerverzeichnung" genannt, und zu diesem Zwecke werden Erkennungskarten ausgegeben; eine Maßnahme, die im Grunde auf eine „Aufweichung" des sozialistischen Untergrundes zielt. Schuschnigg unternimmt Auslandsreisen nach Paris und London und lehnt sich immer mehr an Italiens Diktator Mussolini an, von dem er sich Schutz gegen den immer aggressiver werdenden Hitler erwartet. Als Dank beteiligt sich Österreich nicht an den Sanktionen des Völkerbundes gegen Italien, als dieses im Oktober in Abessinien einmarschiert. Das weit entfernte Land am Horn von Afrika und sein Negus Haile Selassie sind jedoch in Wien populärer als der Duce. Man trägt Anstecknadeln in Grün-Gelb-Rot, den Landesfarben Abessiniens, und selbst die Kleidermode spiegelt in ihren Farben die wahren Sympathien der Wiener wieder.

Schuschnigg nutzte die Abessinienkrise, in der sich alle mit den „italienischen Friedensbrechern" beschäftigten, und bildete schlagartig die Regierung um: Sicherheitsminister Emil Fey wird entlassen und zum Präsidenten der Donaudampfschiffahrtsgesellschaft ernannt – eine lächerliche Funktion für einen Mann, der davon geträumt hatte, Diktator von Österreich zu werden. Die Wehrorganisationen werden zu einer „Miliz der Vaterländischen Front" zusammengefaßt und Fürst Starhemberg mit ihrer Führung beauftragt. Die seltsamste Umbesetzung in der Regierung betrifft das Sozialministerium, dessen Leiter der Grazer Universitätsprofessor Joseph Dobretsberger wird, der vermutlich schon zu dieser Zeit – nach dem Zweiten Weltkrieg bekannte er sich öffentlich dazu – Kommunist ist. Ein Kommunist als Minister in der ständisch-autoritären Regierung Österreichs – auch das war möglich im Jahre 1935.

1936 – Setzen aufs Trojanische Pferd

1936 ist zwar äußerlich ein ruhiges Jahr für Österreich, insgeheim setzt aber mit der verstärkten Hinwendung zu einem Kurs der „Versöhnung" mit dem Dritten Reich eine fatale Entwicklung ein, die die österreichische Regierung zunehmend in ihrer Handlungsfähigkeit einschränkt.

Das erste Ereignis, über das es in diesem Jahr zu berichten gibt und das die Seiten der Wiener Zeitungen füllt, sind die Olympischen Winterspiele in Garmisch-Partenkirchen vom 6. bis 16. Februar. Der verläßliche Karl Schäfer gewinnt wieder Gold im Eiskunstlauf, Ilse und Erwin Pausin Silber im Paarlauf, Felix Kaspar erringt Bronze im Eiskunstlauf und Max Stiepl Bronze im Eisschnellauf über 10 000 m. Nur wenige Wochen später kann sich Karl Schäfer in Paris seinen nun schon siebenten Weltmeistertitel im Eiskunstlauf sichern. Aufsehen erregt auch der hochtalentierte Schispringer Josef „Bubi" Bradl, der als erster Mensch in Planica über 100 Meter weit springt.

In der Politik versuchen nun die kleinen Staaten am Rande der Giganten Deutschland und Italien näher zusammenzurücken. Am 9. März ist der tschechoslowakische Ministerpräsident Milan Hodza in Wien und führt Gespräche mit Bundeskanzler Schuschnigg. Im selben Monat unterzeichnen Italien, Österreich und Ungarn Zusatzprotokolle über weitere Sicherheitsgarantien und Zusicherungen.

Österreich könnte eine Atempause gut gebrauchen. Die Produktion der Industrie sinkt nach einem kurzen Anstieg wieder stetig; im Mai liegt sie unter dem Durchschnitt der zwanziger Jahre. Im Jänner zählt man in Österreich 415 000 Arbeitslose und Ausgesteuerte, die höchste Zahl, die jemals zu verzeichnen war. Ein Viertel der Arbeitslosen erhält keinerlei Unterstützung mehr, allein in Wien bekommen 83 000 Arbeitslose die Notstandshilfe. Dafür ist die Zahl der Altersrentner in Wien stark gestiegen, von 38 000 im Jahre 1929 auf 92 000 im Jänner 1936.

Aber nicht nur die traditionell unterprivilegierten Bevölkerungsschichten glauben nun nicht mehr an die Existenzfähigkeit der Republik und laufen immer mehr den Nazis zu. Ein Bericht der Generaldirektion für öffentliche Sicherheit vom 4. April stellt dazu fest: *„Träger und Führer der illegalen Bewegung in Österreich ist vorwiegend die arbeitslose Intelligenz. Insbesondere sind es die Angehörigen der nationalen Studentenschaft, die in ihren Verbänden noch immer in der alten großdeutschen Ideologie erzogen werden und am Ende ihres Studiums die Unmöglichkeit sehen, in irgendeinem Beruf unterzukommen ... Weiters ist es die Unzahl der durch die wirtschaftliche Krise arbeitslos gewordenen Privatangestellten und zahlreichen zusammengebrochenen kleinen Gewerbetreibenden, die zu den aktivsten Anhängern der Bewegung zählen. In den militanten illegalen nationalsozialistischen Organisationen findet man zahlreiche ehemalige Offiziere, die nach dem Umsturz zwangsweise abgefertigt und pensioniert wurden und die nun hoffen, bei einem Sieg der nationalsozialistischen Bewegung wieder zu Ansehen und Verdienst zu gelangen ..."*

> Es ist auch möglich, daß die Regierung in einem ernsten Moment die breiten Massen des Landes zur Verteidigung der Grenzen aufrufen muß. Aber nur ein demokratisches Österreich wird dieses Volksaufgebot zustande bringen. Nur freie Bürger werden gegen Knechtung kämpfen.
>
> *Bruno Kreisky im Sozialistenprozeß 1936*

> Im Bewußtsein faschistischer Verbundenheit ... beglückwünsche ich im Namen der für den faschistischen Gedanken Kämpfenden ... von ganzem Herzen zu dem ruhmvollen, herrlichen Sieg der italienischen Waffen über die Barbarei, zu dem Sieg des faschistischen Geistes über demokratische Unehrlichkeit und Heuchelei und zum Sieg der faschistischen Opferfreude und disziplinierten Entschlossenheit über demagogische Verlogenheit. Es lebe der Sieg des faschistischen Gedankens in der Welt!
>
> *Glückwunschtelegramm Starhembergs an Mussolini zur Eroberung Abessiniens*

In dieser innenpolitisch immer brisanter werdenden Lage wird zwangsläufig der Plan einer Zusammenarbeit zwischen Österreich und dem Deutschen Reich, den der deutsche Gesandte Franz von Papen bereits 1935 vorgeschlagen hat, wieder aktuell. Dem stemmt sich Vizekanzler Fürst Starhemberg entschieden entgegen. Er ist politisch eher nach Rom ausgerichtet und lehnt jede Zusammenarbeit mit dem „Führer" in Berlin ab. Dann begeht Starhemberg aber einen entscheidenden Fehler: Nach dem Sieg Italiens über Abessinien schickt er dem Duce ein überschwengliches Glückwunschtelegramm, das so nebenbei empfindliche Seitenhiebe gegen die Westmächte verteilt. Die internationalen Proteste dagegen benutzt nun Schuschnigg, um im Mai 1936 den Heimwehr-Recken aus der Regierung zu entlassen. Wie Fey wird auch er mit einem ehrenvollen Titel abgespeist – Starhemberg wird „Oberster Sportführer" von Österreich und darf wie zum Hohn einen Tag nach seiner Ablösung mit der österreichischen Fußballnationalmannschaft zum Ländermatch nach Italien reisen. Österreich hat dieses Match übrigens verloren, dafür wird England in Wien mit 2:1 geschlagen. Admira Wien wird in diesem Jahr Fußballmeister, und die Wiener Austria gewinnt den Mitropacup.

In Wien wird inzwischen am 11. Juli das von Schuschniggs Mitarbeitern Guido Schmidt und Theodor Hornbostel sowie von Franz von Papen vorbereitete sogenannte Juliabkommen abgeschlossen, in dem Deutschland Österreichs Souveränität anerkennt. Ausdrücklich wird festgehalten, daß die innenpolitische Lage beider Länder – „einschließlich der Frage des österreichischen Nationalsozialismus" – als innere Angelegenheit zu behandeln wäre. Das Dritte Reich hebt die Tausendmarksperre auf, Österreich verpflichtet sich, die Propaganda gegen den Nationalsozialismus zu verhindern und eine Amnestie für inhaftierte Nazis zu erlassen. In geheimen Zusatzabkommen muß sich Schuschnigg weiters verpflichten, Vertrauensmänner der Nationalsozialisten in die Regierung aufzunehmen; Edmund Glaise-Horstenau, der Direktor des Wiener Kriegsarchivs, erhält daraufhin einen Ministersessel ohne Portefeuille.

Im Frühjahr 1936 beherrschen zwei weitere Themen die Schlagzeilen der Zeitungen: Am 25. März ist die Versicherungsanstalt „Phönix" so gut wie bankrott. 330 000 Personen sind bei ihr versichert und glauben ihr Geld gut angelegt zu haben, gibt es die „Phönix" doch seit den Zeiten der Monarchie, und bis zu diesem Zeitpunkt galt die Versicherung als solide und vor allem liquide. Die Öffentlichkeit erfährt zunächst gar nichts, aber als die Zeitungen am 17. März den plötzlichen und unerwarteten Tod des „Phönix"-Direktors Wilhelm Berliner melden, wird sie hellhörig. Am 25. März wird völlig überraschend bekanntgegeben, daß der Ministerrat vier Gesetze verabschiedet hat, die eine Reform der Privatversicherungen zum Inhalt haben. Was war passiert? Die „Phönix" hatte einen entscheidenden Fehler gemacht. Sie hatte ihre Reserven vernachlässigt und hat nun nicht mehr genügend Geld – es fehlen exakt 250 Millionen Schilling

–, um ihren Verpflichtungen nachkommen zu können. Welch eine enorme Summe im zeitgenössischen Finanzgefüge das ist, kann man daraus ermessen, daß in diesem Jahr das Budget der Stadt Wien 371 Millionen Schilling beträgt. Wofür das Geld verbraucht wurde, wird auch bald klar. Die „Phönix" hatte die Heimwehren finanziert und Schmier- und Bestechungsgelder an eine ganze Reihe von Journalisten und Politikern, von den Christlichsozialen über die Nazis bis hin zu den Sozialdemokraten, gezahlt und selbst auf jüdische Organisationen wurde nicht vergessen. Unter den Bestochenen war unter anderem auch Sektionschef Heinrich Ochsner, der für die Kontrolle der Versicherungsgesellschaften im Bundeskanzleramt zuständig war. Er begeht nach dem Auffliegen der Affäre ebenso Selbstmord wie der ehemalige Bundeskanzler Carl Vaugoin. Als rettende Auffanggesellschaft wird nach dem Zusammenbruch der „Phönix" die Österreichische-Versicherungs-AG mit einem Kapital von 10 Millionen Schilling gegründet. Die Schulden der „Phönix" muß der ohnehin ausgeblutete österreichische Steuerzahler übernehmen, der daraufhin die Steigerungsstufen von „nichts" erfindet: *„nix, gar nix, Phönix!"*

Der zweite Skandal betrifft das Verhältnis Österreichs zu den Habsburgern. Am 29. April wird beschlossen, ihnen ihr gesamtes Vermögen in Österreich zurückzugeben. Es setzen aber quer durch alle politischen Lager scharfe Proteste gegen dieses Vorhaben ein, so daß man schließlich auf die Durchführung der Verordnung verzichtet.

Auch militärisch rüstet die Republik im Jahre 1936 auf. Bis dahin hat man ihr laut Vertrag von St. Germain eine Armee von 30 000 Mann zugestanden. Mit 1. April werden nun alle Wehrverbände dem Befehl der Vaterländischen Front unterstellt und sollen vom Bundesheer ausgebildet werden. Am selben Tag wird die allgemeine „Bundesdienstpflicht" – das Wort Wehrpflicht soll tunlichst vermieden werden – eingeführt. An den Plakatwänden tauchen Werbeplakate auf, die den Eintritt ins Bundesheer schmackhaft machen sollen: Man sieht einen österreichischen Soldaten, an dem seine ruhmreichen historischen Vorgänger vorüberziehen.

Viele, die keine Möglichkeit haben, einen Arbeitsplatz zu bekommen, treten in die neue Armee ein; besonders junge Männer aus Wien, da hier die Hälfte aller Arbeitslosen gemeldet ist: Im Herbst sind es 170 000, wovon nur 110 000 unterstützt werden. Jeder zweite Jugendliche, der die Schule verläßt, sucht vergeblich einen Arbeitsplatz, und die „Kronen-Zeitung" muß feststellen, daß die Hälfte aller Ehen in Wien aus wirtschaftlichen Gründen kinderlos bleibt.

Die Wirtschaft Österreichs greift in dieser Lage manchmal zu recht obskuren Mitteln: Da sich viele Menschen den teuren Zucker nicht mehr leisten können, kaufen sie billigere künstliche Süßstoffe, welche die chemische Industrie in den letzten Jahren entwickelt hat. Die Zuckerindustrie setzt daraufhin eine Verordnung in Österreich durch, in der es heißt: *„Amtlich wird verlautbart: Der Verbrauch künstlicher Süßstoffe hat in den letzten*

. . . Es leben in der Bundeshauptstadt 26 Prozent aller in Österreich Berufstätigen, nach dem Bevölkerungsschlüssel aufgeteilt müßten aber 28 Prozent verzeichnet sein. Die Arbeitslosigkeit ist in Wien eben größer als in den Bundesländern. Die Zahl der unterstützten Arbeitslosen ist in Wien vom Jahre 1931 bis zum Jahre 1935 von 96.000 auf 111.000 gestiegen, in den Bundesländern ist sie in derselben Zeit von 156.000 auf 150.000 gesunken . . . 1931 war der Anteil Wiens an den krankenversicherten, in Arbeit stehenden Arbeitnehmern größer als sein Anteil an den Arbeitslosen. 1935 ist es umgekehrt. Die Krise wirkt sich in Wien schärfer aus als in den Bundesländern . . .
Reichspost, 8. Juli 1936

> Die allgemein bekannten Diffamierungen, öffentliche Verfolgungen und Entrechtungen unserer jüdischen Brüder in Deutschland machen es mit unserem Gewissen unvereinbar, an den Berliner olympischen Kämpfen teilzunehmen. Diese unsere Stellungnahme ist uns sehr schwer gefallen. Als Sportler, weil doch die Olympiade die Krönung allen sportlichen Strebens bedeutet, als Österreicher, weil wir stolz darauf wären, Österreichs Farben in den Wettkämpfen verteidigen zu dürfen.
>
> *Resolution der jüdischen Sportler des Sportvereines HAKOAH, 1936*

> „Na", sagte ich ihm, „vorgestern habt's euch nicht ausgezeichnet. Habt ihr am Ende Weisungen gehabt, nicht einzuschreiten?" Darauf er: „Oh nein, Herr Vizekanzler, spezielle Weisungen haben wir nicht gehabt. Aber schau'n S', was sollen wir machen? Weiß man's? Auf ja und nein werden die Nazis in der Regierung sein. Weiß man's, wird ein Nazi sogar Sicherheitsminister. Und der, was sich gegen die Nazibuam zu stark exponiert hat, der was einmal hing'haut hat, der zahlt dann drauf."
>
> *Starhemberg in seinen Memoiren über den Empfang des olympischen Feuers am Heldenplatz am 30. Juli 1936*

Jahren eine stete Zunahme erfahren, während gleichzeitig der Zuckerabsatz stark zurückgegangen ist. Um dieser Verschiebung im Verbrauch der Süßstoffe Einhalt zu gebieten, hat sich die Regierung entschlossen, ein neues Süßstoffgesetz zu erlassen." Ab nun können Süßstoffe nur mehr über ärztliches Rezept in Apotheken gekauft werden; die Zuckerindustrie hat sich durchgesetzt. Wer seinen Einspänner, seine Melange oder den kleinen Braunen im Wiener Kaffeehaus süß trinken will, der muß halt wieder tiefer in die Tasche greifen.

Exvizekanzler Fürst Starhemberg sorgt auch nach seiner Entmachtung für Schlagzeilen: Er betreibt beim Diözesangericht in Wien die kirchliche Auflösung seiner Ehe und setzt dies auch durch. Nun kann er endlich seine Geliebte, die elegante Burgschauspielerin Nora Gregor, heiraten.

Ab 30. Mai kann man nun auch schneller von Wien über Graz nach Kärnten fahren. Die Packer Höhenstraße wird eröffnet. Kärnten ist auch schon in den dreißiger Jahren ein beliebtes Urlaubsland für alle Wiener, die es sich leisten können. In der Nachsaison kann man schon um 80 Schilling zwei Wochen Quartier mit Vollpension haben – immerhin noch das Monatseinkommen eines niederen Angestellten oder Beamten.

Anfang August 1936 steht die ganze Welt unter dem Eindruck der Olympischen Spiele von Berlin. Auf seinem Weg in die deutsche Hauptstadt kommt das olympische Feuer auch nach Wien, und am Heldenplatz findet eine Feierstunde im Beisein der ganzen Bundesregierung für den olympischen Gedanken statt. Die Nazis nutzen dies weidlich aus, um für ihren „Führer" im Deutschen Reich zu demonstrieren. Bei den Wettkämpfen selbst sind die Österreicher recht erfolgreich und gewinnen 13 Medaillen, darunter vier Goldene durch den Stemmer Robert Fein, durch Adolf Krainz und Alfons Dorfner im Kajak-Zweier und durch Doppelolympiasieger Gregor Hradetzky im Kajak-Einer und im Faltboot über 10 000 Meter. Auch bei den Olympischen Kunstbewerben gewinnt Österreich vier Preise: Hermann Kutschera erhält Gold für seinen Entwurf eines Schistadions, Hermann Stieglholzer und Herbert Kastinger Bronze für den Entwurf einer „Kampfstätte für Auto-, Rad- und Pferdesport". Rudolf Eisenmenger erhält Silber für das Gemälde „Läufer vor dem Ziel" und Hans Stoiber Bronze für das lyrische Werk „Der Diskus".

Die Kunst, die hier präsentiert wird, ist „vaterländisch" und als solche auch besonders ausgewiesen. Damit sie es auch in Zukunft bleibt, schaffen der Generalsekretär der Vaterländischen Front, Guido Zernatto, und der Leiter des Kulturreferates, Rudolf Schmid, die Organisation „Neues Leben", die die Aufgabe hat, das gesamte Kulturleben Österreichs im vaterländischen Geiste zu erneuern. Der Künstler soll sich den Traditionen verpflichtet fühlen und sich von der Dekadenz der Großstadt, der „Asphalt-Literatur", abwenden. Die neuen Kräfte hofft man in der unverbrauchten Provinz zu finden. Der Heimatroman – in einer neuen, ideologisch und politisch aggressiveren Variante – kommt wieder in Mode,

Schriftsteller wie Josef Perkonig, Karl Heinrich Waggerl und Paula Grogger sind die Vertreter dieser Richtung. Der Staat fördert aber auch die religiös verbrämte Belletristik und Werke von so unterschiedlichen Autoren wie Max Mell, Bruno Brehm, Paula von Preradovic, Anton Wildgans und Josef Weinheber.

Andere hingegen ziehen der fragwürdigen Kulturpolitik des Ständestaats die Emigration vor: Hilde Spiel und Stefan Zweig gehen nach London, Joseph Roth flüchtet nach Paris, und Max Reinhardt siedelt sich in New York an. Fritz Wotruba hingegen kehrt von Zürich nach Wien zurück und wird dafür auch belohnt: Er nimmt als Österreichs Vertreter an der Biennale in Venedig teil. Egon Friedell, der – so die Fama – am liebsten im Liegen arbeitet, schreibt in diesem Jahr seine „Kulturgeschichte des Altertums" und Jura Soyfer sein Stück „Der Lechner Edi schaut ins Paradies", das eine Zukunft zeigt, in der die Maschinen die Arbeit des Menschen übernommen haben.

Den Staatspreis für Literatur bekommt der heute völlig vergessene Josef Wenter, ein völkischer Geschichts-Dramatiker, dessen Werke, u. a. „Der Kanzler von Tirol", sich immerhin auch auf dem Spielplan des Burgtheaters finden.

In der Oper am Ring gibt es wieder einen neuen Direktor, Dr. Erwin Kerber. Ihm zur Seite steht Bruno Walter als künstlerischer Berater. Unter seiner Direktion kommt auch ein junger Dirigent nach Wien, der im Deutschen Reich bereits von sich reden macht: Herbert von Karajan dirigiert zum ersten Mal in Wien Wagners „Tristan und Isolde".

Der Film des Jahres ist aber dem zweiten großen Theater am Ring gewidmet: dem Burgtheater. In Willi Forsts gleichnamigem Film verkörpert Werner Krauß einen alternden Schauspieler, der sich in ein junges Wiener Mädel verliebt. Ein Lied daraus ist unsterblich geworden, Peter Kreuders „Sag beim Abschied leise Servus".

Ein Publikumserfolg ist auch die neue Operette von Ralph Benatzky, „Axel an der Himmelstür", die am 1. September im Theater an der Wien Premiere hat und mithilft, das Theater aus einer argen finanziellen Krise zu befreien. Star des Stückes, dessen Text der junge Hans Weigel geschrieben hat, ist eine attraktive Frau mit dunkler, rauchiger Stimme: Zarah Leander, deren Karriere hier in Wien beginnt und von deren Dekolleté die Zeitgenossen meinen, es reiche wirklich von „der Axel bis an die Himmelstür".

Die wirklich neuen und interessanten Stücke müssen die Wiener aber woanders suchen: auf den Kleinbühnen. So kommt es am 15. November 1936 im „Theater für 49" in der Maria-Theresien-Straße 4 zur Uraufführung von Ödön von Horváths „Pflicht, Liebe, und Hoffnung". Fast hätte die Zensur die Premiere wegen des Titels verhindert, denn wie Nina Körber, die jüdische Gefährtin des Prinzipals E. Jubal, berichtet, hieß das Stück eigentlich „Glaube, Liebe, Hoffnung": *„Aber wir durften nicht glauben,*

Die große Welt – das kann schon sein

Die große Welt? –
Das kann alles sein!
Ich aber träume von den Bäumen.
Die vielgeliebt den kleinen Garten säumen,
Den blauen Tagen
und von dir allein.

Ich wünsch mir niemals,
daß mir was gelinge,
Und niemals, niemals, daß ich's weiterbringe.
Ich möcht nichts werden.
Ich will sein.

Wenn uns die reifen Früchte fallen.
Sollst du sie nehmen – du allein.
In allen meinen Träumen – allen
Bist du mit mir – mit mir allein.
Die große Welt? –
Das kann schon sein.

Guido Zernatto

Der Großteil der Theaterbesucher war einheitlich gekleidet; er trug weiße Wadenstutzen! [Weiße Stutzen galten als Abzeichen der Nationalsozialisten. Anm. d. V.] Von der ersten bis zur letzten Szene war die Vorführung eine eindeutige Demonstration gegen Österreich. Von der historischen Hut-Szene bis zum tödlichen Schuß auf den Landvogt bestand die Aufführung lediglich aus Gejohle und Gebrüll, das als eine Demonstration gegen das heutige Österreich gewertet werden konnte.

Bericht über eine Aufführung von „Wilhelm Tell" in der Wiener Staatsoper im Kleinen Blatt, 1936

denn Österreich war ja katholisch, und so haben wir es Liebe, Pflicht und Hoffnung genannt." Im Gästebuch des Theaters finden sich die Künstler des anderen, demokratischen und weltoffenen Österreich: Alma Mahler-Werfel, Franz Werfel, Franz Theodor Csokor, Anna Mahler und Sascha Kronberg haben sich eingetragen.

1936 kostet ein Packerl Benstorp-Kakao nur 20 Groschen und ist „... so schwer", wie die Werbung vermeldet. Der Herr von Welt raucht „Abadie mit Doppelfilter", und die „weiße Schicht-Hirsch Seife" wäscht auch damals schon strahlend weiß. Wer einkochen will, hält sich an den Werbespruch – *„Marmelade, die uns schmeckt, wird eingekocht mit Fruktopekt";* Tennisschuhe der Firma Wimpassing kosten 6,20 Schilling, Sandalen sind schon um 3,40 Schilling zu haben.

> Kiepura ist in Wien eingetroffen und hat Sonntag den „Herzog" in „Rigoletto" gesungen. Wieder gab es da-capo-Serien und Beifallsrekorde, wieder berauschte diese prachtvolle Stimme mit ihrer strahlenden Höhe und ihrem betörenden Piano. Kiepura hat sich diesmal eine Extratour geleistet, die in der Oper ohne Beispiel ist, die aber vom Publikum mit Recht jubelnd bedankt wurde. Vor der Vorstellung erschien er um zirka 1/26 Uhr vor dem Queue, wo sich das Stehplatzpublikum anstellte, und sang drei polnische Volkslieder, die die überraschte Zuhörerschaft mit lebhaften Ovationen quittierte.
>
> *Kronen-Zeitung, 10. März 1936*

Viele konnten sich auch das nicht mehr leisten, und zahlreiche Familien werden schonungslos delogiert, weil sie die Mieten nicht mehr bezahlen können. Für die Obdachlosen werden in Wien insgesamt fünf Familienasyle bereitgestellt. Für die Ärmsten gibt es zudem die Möglichkeit, die Kinder im Sommer mit dem Kinderferienwerk der Vaterländischen Front aufs Land zu schicken. Wer reich werden möchte, spielt in der Weihnachtslotterie, bei der eine Gesamtgewinnsumme von 570 000 Schilling ausgespielt wird.

Das Verkehrsmittel der einfachen Leute in Wien ist das Fahrrad, das ab 1936 auch polizeilich gemeldet sein muß und ab 1937 mit einer Nummer ausgestattet wird, um die „Fahrradwildlinge", wie sie „Das Kleine Blatt" nennt, identifizieren zu können. Im Jahr sind sieben Schilling an Steuern für ein Fahrrad zu bezahlen, dies gilt zugleich als Haftpflichtversicherung, und die ist auch notwendig, gibt es doch neben den 16 010 Autos, 6 208 Lastwagen und 11 997 Motorrädern noch 140 000 Fahrräder in Wien. Allein bei Fahrradunfällen sind im Juni 1936 ein Todesopfer und 296 Verletzte (!) zu beklagen. Insgesamt werden bei Verkehrsunfällen in diesem Monat sechs Menschen in Wien getötet und 465 verletzt. Sicher lieber Fahrrad gefahren wären die Angeklagten des Wiener Sozialistenprozesses von 1936, die seit Jänner 1935 im Gefängnis sitzen, darunter wie erwähnt Franz Jonas und Bruno Kreisky. Letzterer verteidigt sich vor Gericht mit Schärfe und Vehemenz und hält in einer auch international vielbeachteten Rede Abrechnung mit dem Ständestaat. Die Antwort darauf sind zwölf Monate Haft, die aber inzwischen schon durch die Untersuchungshaft abgegolten sind.

Ein Verbrechen ganz anderer Art passiert am 22. Juni 1936 auf der Philosophenstiege der Wiener Universität. Mit den Worten *„Hund du verfluchter, da hast du's"* tritt der junge arbeitslose Philosoph Johann Nellböck seinem ehemaligen Lehrer, dem Universitätsprofessor Moritz Schlick, entgegen und streckt ihn mit mehreren Schüssen nieder. Nellböck läßt sich widerstandslos verhaften, Schlick stirbt noch in der Universität. Vor Gericht verantwortet sich Nellböck, der sich schon mehrmals in psychiatrischer Behandlung befunden hat, damit, daß Schlicks Lehre des logischen Empirismus seinen Glauben und sein Leben vergiftet hätte. Tatsächlich dürfte aber hinter dem Mord die unglückliche Liebe Nellböcks zu einer Studentin und seine Ablehnung durch eine Volkshochschule – hinter beiden vermutete er das Wirken Schlicks – gestanden haben.

Nur wenige Tage vor Schlick stirbt in Wien Karl Kraus, der unermüdliche Kämpfer gegen schlechten Journalismus und Sprachverwilderung. Die von ihm herausgegebene und auch allein verfaßte Zeitschrift „Die Fackel" war seit Jahrzehnten das Wiener Sprachrohr gegen Unmenschlichkeit und Gedankenlosigkeit; sein unter dem Eindruck des Weltkrieges entstandenes Drama „Die letzten Tage der Menschheit" hatte den lebensverachtenden Zynismus der modernen militarisierten Welt auf den Punkt gebracht. Kraus wird aber nicht von allen betrauert. Viele Künstler können ihm nicht verzeihen, daß er das Regime des Ständestaates, und sei es auch nur, weil es das kleinere Übel gegenüber den Nazis ist, unterstützte. Bert Brecht hat darüber ein Gedicht geschrieben, *„Über den schnellen Fall des guten Unwissenden"*, und Kurt Tucholsky meinte böse: *„Die Ratte betritt das sinkende Schiff..."* Viele tragen es ihm nach, daß er als unerbittlicher Kritiker über alle hergefallen war, die seinen Ansprüchen von Kunst und Literatur nicht genügen konnten. Egon Friedell meinte, als er vom Tode Kraus' erfuhr: *„Ein Mensch, der davon gelebt hat, die anderen umzubringen, kann doch nicht tot sein."* Ähnlich auch Oskar Kokoschka: *„Karl Kraus ist abgestiegen zur Hölle, zu richten die Lebendigen und die Toten."* Fast wehmütig dagegen klingt Anton Kuh, der sein Leben lang mit Karl Kraus in erbittertem Kampf gelegen war: *„Wenn einem so ein Feind wegstirbt, da geht ein Freund dahin..."*

Nur beim Dichterkollegen Guido Zernatto hatte er eine gute Nachrede, aber den nannte man ja auch wenig freundlich *„Einen christlich-sozialen Heimwehrnazi, der eine Jüdin zur Frau hat."* – (Tatsächlich waren im Ständestaat derartige Paradoxa nichts Ungewöhnliches, die Fronten und Risse der Zeit machten auch vor dem einzelnen und seiner Familie nicht Halt.)

> Man frage nicht, was all die Zeit
> ich machte.
> Ich bleibe stumm;
> und sage nicht, warum.
> Und Stille gibt es,
> da die Erde krachte.
> Kein Wort, das traf;
> man spricht nur aus dem Schlaf.
> Und träumt von einer Sonne,
> welche lachte.
> Es geht vorbei;
> nachher war's einerlei.
> Das Wort entschlief,
> als jene Welt erwachte.
> *Karl Kraus, Die Fackel XXXV, Nr. 888*

1937 – Arbeit am Untergang

1937 ist das Jahr, in dem sich das Ende abzuzeichnen beginnt. Noch glaubt Bundeskanzler Schuschnigg daran, Österreich als freien Staat erhalten zu können. Er sieht sich jedoch zunehmend gezwungen, Kontakte zu den bisher illegalen Nationalsozialisten aufzunehmen und sie in die Regierung einzubinden. Dazu ruft er am 4. Februar den „Siebener-Ausschuß" ins Leben und nimmt darin Nationalsozialisten auf, die sich zur Selbständigkeit Österreichs und zur Maiverfassung von 1934 bekennen. Schuschnigg will Zeit gewinnen; *„In zwei oder drei Jahren schaut die Welt vielleicht anders aus"*,

Politische Satiriker pflegten zu sagen, daß Österreich der Affe Deutschlands sei. Es stimmte sogar. Was drüben im Reich geschah, wurde in Österreich nachgeäfft, nur schlampiger und konfuser, teilweise sogar humaner, wie es der Seelenhaltung des Phäakenvolkes entspricht. Den politischen Vertretern der alpenländischen Hörndl- und Körndlbauern sowie des christlichen Mittelstandes lag ein deftiger Kuhhandel mehr am Herzen als die eiserne Hand des Götz von Berlichingen. Hier begnügte man sich mit seinem unsterblichen Zitat.

Adolf Molnar, Ich wurde kein Lesebuchheld

soll er gesagt haben, ohne zu wissen, daß ungefähr zur selben Zeit auch Hitler mit diesem Zeitfaktor in bezug auf Österreich spekuliert: *„Ich brauche noch zwei Jahre Zeit, um Politik machen zu können"*, prophezeit der „Führer". Schuschnigg versucht auch die „nationalen" (sprich: dem Nationalsozialismus sehr nahestehenden) Kräfte in die Vaterländische Front zu integrieren und schafft dazu das „Volkspolitische Referat", mit dem er die sogenannte „Nationale Opposition" auffangen möchte. Dies kommt einem Mann gerade recht, der schon lange darauf wartet, hier einen Fuß in die Tür setzen zu können: Arthur Seyß-Inquart. Schuschnigg vertraut dem politisch geschickt agierenden Anwalt Seyß-Inquart, der zudem praktizierender Katholik ist, darin, daß auch er ein von Deutschland unabhängiges Österreich möchte und ernennt ihn zum Mitglied des Staatsrates. Damit sitzt jedoch der Wolf im Schafspelz in einem der zentralen Gremien. Für Seyß-Inquart gibt es nur ein erstrebenswertes Ziel: den Anschluß Österreichs an das Deutsche Reich, wenn auch langfristig und auf evolutionärem Wege.

Den dramatischen Untergang eines „Reiches" bekommen die Wiener gerade eindrucksvoll im Burgtheater vorgespielt: Am 10. März hat hier das Drama „3. November 1918" von Franz Theodor Csokor Premiere, in dem österreichische Offiziere den Zusammenbruch der Donaumonarchie an der Italienfront erleben müssen.

Auf Mussolinis Italien kann sich Österreich nun auch nicht mehr unbedingt verlassen. Die Achse Berlin-Rom, laut Wiener Volksmund *„der Spieß, an dem Österreich braun geröstet werden soll"*, wird immer stärker. Im April reist Schuschnigg zum Duce, erfolglos, denn dieser macht ihm nun unmißverständlich klar, daß Österreich sich ab nun selbst um die Wahrung seiner Unabhängigkeit zu kümmern habe. Die erbosten Wiener quittieren diese „Treuelosigkeit" beim Fußballspiel Österreich – Italien im Wiener Prater mit wüsten antiitalienischen Ausschreitungen, an denen sich auch die Fußballer beteiligen. Die Partie wird beim Stand von 2:0 für Österreich *„wegen derb geführtem Kampf"* 17 Minuten vor dem Schlußpfiff abgebrochen. Auch Admira Wacker und der italienische Klub Genova müssen den Mitropacup verlassen, nachdem die italienische Regierung das Match in Italien verboten hatte, weil sie politische Krawalle am Rande des Spielfeldes befürchten mußte.

1937 steigt der jüdische Fußballklub „Hakoah", der 1925 immerhin österreichischer Meister gewesen war, aus der Oberliga ab; unter anderem auch deshalb, weil es die besten Spieler bei einem Gastspiel in New York ahnungsvoll vorgezogen haben, gleich im Land der unbegrenzten Möglichkeiten zu bleiben.

In einer anderen Sportart, dem Eiskunstlauf, tritt in diesem Jahr ein ganz Großer ab: Karl Schäfer, der seit 1930 in dieser Disziplin alles gewonnen hatte, was es zu gewinnen gab. Er hat aber einen würdigen Nachfolger gefunden: Der Wiener Felix Kaspar erringt bei den Eiskunstlauf-Weltmeisterschaften, die in der Wiener Engelmann-Arena ausgetragen werden, die Goldmedaille. Auch Max Stiepl gewinnt in Oslo bei den Eisschnellauf-Weltmeisterschaften über 5 000 Meter Gold und belegt über 10 000 Meter Rang drei. Im französischen Chamonix finden zum ersten Mal offizielle Schiweltmeisterschaften statt. Österreichs Ausbeute an Edelmetall ist bescheiden, nur Willi Walch gewinnt Silber im Slalom.

Die Österreicher fahren Schi und laufen eis, im Deutschen Reich wird inzwischen minutiös der Anschluß geplant. Der „Fall Otto", wie er auf den deutschen Generalstabskarten heißt, legt alle möglichen politischen und militärischen Maßnahmen fest, die einen Einmarsch in Österreich notwendig erscheinen lassen. „Fall Otto" wird er deshalb genannt, weil Hitler große Angst hat, daß Otto von Habsburg nach Österreich zurückkehrt, dort von jubelnden Massen begrüßt würde und in Österreich statt dem Nationalsozialismus eine Art von konstitutioneller Monarchie einführen könnte.

So völlig aus der Luft gegriffen war dieser Gedankengang 1937 gar nicht. Durchblättert man das jährlich erscheinende Gedächtnisbuch, das dem „Andenken an Karl von Österreich" gewidmet ist, so findet man dort die „Kaisergemeinden" verzeichnet, jene Gemeinden in Österreich, die Otto von Habsburg die Ehrenbürgerschaft verliehen haben. Im Juli 1937 waren dies 1 569 Gemeinden, das sind 34 Prozent aller Gemeinden Österreichs, wobei es Bundesländer wie Tirol gab, in denen die „Kaisergemeinden" 78,5 Prozent ausmachten. Zudem gab sich der junge Otto sehr selbstbewußt, in einen Brief an den Bürgermeister von Radkersburg schreibt er: *„Europa hallt wider vom Kriegsgeschrei. 17 Jahre nach einem Ringen, das Millionen auf die Bahre gestreckt, Abermillionen zu Krüppeln gemacht hat, in einer Zeit, in der nur innere menschliche und wirtschaftliche Solidarität die Wunden heilen können, die der Blutrausch der Jahre 1914 bis 1918 der Welt geschlagen hat. Wir haben in all den Jahren seit St. Germain genug Versicherungen von Frieden und Freundschaft, kollektiver Sicherheit und Pakten gehört. Die Welt ist darum nicht friedvoller geworden. Sie kann nicht zum Frieden gelangen, weil Europa durch Zerstörung der Habsburger-Reiche aus der Gleichgewichtslage und durch die Verfemung der Habsburger um den wahren Friedensgedanken und eine wichtige Autorität gekommen ist. Denn Habsburg bedeutet Frieden. Als Sohn und Erbe des Friedenskaisers bin ich bereit, Gott helfe mir in meiner hohen Aufgabe, Österreich zu neuer Blüte, zu neuem Glück zu führen."*

Wien scheint auf der Liste der Kaisergemeinden nicht auf, und Kurt Schuschnigg kann und will den jungen Kaisersohn unter keinen Umständen und in keiner Form in der österreichischen Politik sehen.

In Wien werden Ehrungen für Hausgehilfen eingeführt, die 25 oder 50 Jahre ununterbrochen im Dienst einer Herrschaft gestanden sind und ihre Stelle auch behalten konnten, obwohl der sozialdemokratische Finanzstadtrat Hugo Breitner einst eine eigene „Dienstbotenabgabe" eingeführt hatte.

Ich lese in einem der Briefe meines seligen Freundes Karl Tschuppik, einer der letzten zehn vom schwarz-gelben Regiment, der vor der Zeit, aber auch vor der Un-Zeit gestorben ist, den Satz: Das Lied hat unrecht. Es wird kein Wein wachsen, wenn wir nimmer sein werden. Genauso, wie überall dort der Wein zu wachsen anfing, wo die alten Römer hinkamen, so hört er auf, wo die Preußen hinkommen. Es wird keine schönen Madln geben, wenn wir nimmer leben. Wir haben nichts zu bedauern, lieber Josephus. Nach uns wird es Hitler-Mädchen geben.

Joseph Roth

Im Sommer 1937 landen wiederum eine ganze Anzahl von Nationalsozialisten im Gefängnis, weil sie ein Attentat auf Schuschnigg und seine Familie vorbereitet hatten. Zwar versucht die Regierung, die ganze Angelegenheit geheimzuhalten, der Wiener Journalist und Korrespondent des englischen „Daily Herald", Friedrich Scheu, erfährt aber davon und publiziert die Tatbestände. So erfährt man, daß die Verschwörer geplant hatten, Schuschniggs Kind zu entführen und das Bundeskanzleramt am Ballhausplatz aus einem Flugzeug zu bombardieren.

1937 erhält der Redemptoristenpater Heinrich Suso Waldeck den österreichischen Staatspreis für seine stark dem Katholizismus verbundene Lyrik, andere gehen leer aus, wie Jura Soyfer, der in diesem Jahr sein Stück „Vineta" veröffentlicht. Auch der junge Friedrich Torberg, bekannt geworden durch seinen „Schüler Gerber", stellt ein neues Werk vor: In „Abschied – Roman einer ersten Liebe" zeichnet er ein genaues Bild der Gesellschaft der dreißiger Jahre.

Der österreichischen Mode gelingt es, auf der Pariser Weltausstellung erste internationale Erfolge zu erzielen. Der Modeschöpfer Eduard Wimmer-Wisgrill stellt hier erstmals seine „Tyroliens"-Mode vor, eine typisch österreichische und stark von den Trachten beeinflußte Sport- und Freizeitkleidung, die gemeinsam mit den dazupassenden Sportgeräten wie Schiern vorgestellt wird und mithilft, Österreich als vielseitiges Fremdenverkehrsland zu präsentieren.

Am 17. September brennt ein Wahrzeichen der Stadt ab, die Rotunde im Wiener Prater. Sie war 1873 zur Wiener Weltausstellung errichtet worden und überragte mit ihren 84 Metern Höhe alle umgebenden Gebäude. Wien hatte immer das Problem gehabt, den Riesenbau mit seinen 108 Metern Durchmesser adäquat zu nutzen, dies gelang aber ab 1921 mit der Verwendung für die Wiener Messe, so fand auch die Herbstmesse 1937 hier statt. Während des Abbaues dürften Arbeiter unvorsichtig gewesen sein, und als die Feuermelder anschlagen, ist es für das Gebäude bereits zu spät. Zwar leistete das Stahlgerüst noch Widerstand, das Innere der Rotunde war aber voll von Gips, Holz, Stroh und Jute. Die Wiener Feuerwehr versuchte mit 250 Mann und 46 Löschfahrzeugen den Brand einzudämmen, aber es war nichts mehr zu retten: Um 13.30 Uhr stürzte die Kuppel in sich zusammen, nur wenige Minuten vorher hatten die letzten Feuerwehrleute die Halle verlassen.

Auch Bundespräsident Miklas eilte nach Bekanntwerden des Brandes in den Prater. Miklas hatte im Ständestaat nicht allzuviel zu reden, vor allem bei Eröffnungen durfte er das Wort ergreifen. Deshalb erzählt man sich in Wien am Tag nach dem Rotundenbrand folgenden, etwas makabren Witz: *„Miklas eilt zur Rotunde, ergreift einen Feuerwehrschlauch, zückt eine Schere, durchschneidet ihn und spricht feierlich die Worte: ‚Ich erkläre hiermit den Brand der Rotunde für eröffnet.'"*

Knapp einen Monat nach dieser Katastrophe, am 10. Oktober 1937, kann

---

...
Deutschland, Deutschland,
du rufst Heil!
Weißt du auch warum?
Sie prellten dich um deinen Teil,
Dann machten sie dich dumm.
Sie wußten, daß sie am Ende sind,
Und leisteten doch nicht Verzicht,
Sie machten dich dumm,
sie machten dich blind,
Sie logen dir ins Gesicht.
Du ließest sie siegen.
Die Knechtschaft beginnt.

Blutige Jahre werden vergehen,
Dann wirst du alles verstehen.
Jura Soyfer, Heil Hitler

der Ständestaat eines seiner Prestigebauwerke, die zur Arbeitsbeschaffung in Auftrag gegeben worden waren, endlich eröffnen, die Wiener Reichsbrücke. Die gewaltige Konstruktion, deren baukünstlerische Gestaltung Siegfried Theiß, Hans Jaksch und Clemens Holzmeister ausgeführt hatten, kostete 31 150 000 Schilling, die Bauzeit betrug fast dreieinhalb Jahre. Um 9.30 Uhr vormittags wird die Brücke von Bundespräsident Miklas und Kardinal Theodor Innitzer feierlich dem Verkehr übergeben.

Im November 1937 findet in Wien die Konferenz für „Internationale Wanderfürsorge" statt, auf der auch das Problem der österreichischen Juden besprochen wird, das der Präsident der Wiener Judengemeinde, Desiderius Friedmann, folgendermaßen zusammenfaßt: *„Europa besteht heute aus Ländern zweier Kategorien: aus solchen, die ihre Juden loswerden wollen und aus solchen, die sie nicht hineinlassen wollen."*

> Gehn ma halt a bisserl unter,
> Mit tschin-tschin in Viererreihn,
> Immer lustig, fesch und munter,
> Gar so arg kann's ja net sein.
> Erstens kann uns eh nix gschehn,
> Zweitens ist das Untergehen
> s'einzige, was der kleine Mann
> Heutzutag sich leisten kann.
> Drum gehn ma halt a bisserl unter,
> s'ist riskant, aber fein!
>
> *Jura Soyfer*

Im Messepalast findet im Mai und Juni eine Ausstellung unter dem Titel „Hygiene – Das Leben, die Gesundheit und deren Grundlagen" statt, der Eintrittspreis beträgt einen Schilling, für Kinder 50 Groschen. Die Ausstellung zeigt in mehreren Abteilungen die Maßnahmen, die zur Erhaltung der Volksgesundheit nötig sind, und man weist darauf hin, daß sich in der modernen Zeit die Verschleppung von Infektionskrankheiten durch den Flugverkehr erleichtert wird. Im Raume des Bundesministeriums für Landesverteidigung kann man *„Kampfgase in einem Riechschrank in gefahrloser Form riechen"*. Die beliebteste Abteilung ist zweifellos die für „Ernährung", in der man von den verschiedensten gesunden Nahrungsmitteln gratis Kostproben nehmen kann.

In der Wollzeile 36 feiert eines der berühmtesten Wiener Kabaretts, das „Simplicissimus", von den Wienern kurz als das „Simpl" bezeichnet, sein 25jähriges Bestehen. Die beiden künstlerischen Leiter sind Fritz Grünbaum und Karl Farkas, die eine neue Form des Kabaretts entwickelt haben, die Doppelconférence, in der es einen Gescheiten und einen Blöden gibt, die sich die brillanten Pointen nur so zuwerfen. Farkas versucht sich auch als Schnellreimer. Auf zugeworfene Stichworte muß er sofort einen Reim erfinden. Natürlich will man es ihm so schwer wie möglich machen, aber Farkas schafft es selbst auf das Wort „Ribisel" (Wienerisch für schwarze Johannisbeeren) den einzigen möglichen Reim zu finden: *„Pflückt ein Mädchen Ribisel, zwick' ich sie ins Knie bissel."* Und das alles für einen Eintritt von 1,60 Schilling, inklusive Kaffee und Kuchen. Fritz Grünbaum fand im Dritten Reich durch die Nazis den Tod, Farkas gelang es nach New York zu emigrieren, und er fand auch in der englischen Sprache noch seine Reime wie: *„Der reinste Reim auf Donau, I think, you have to go now."*

> Ich hatte schon wochenlang keine Zeitungen mehr gelesen, und die Reden meiner Freunde, die von den Zeitungen zu leben, ja geradezu von Nachrichten und Gerüchten am Leben erhalten zu sein schienen, rauschten ohne jede Wirkung an meinem Ohr vorbei, wie die Wellen der Donau, wenn ich manchmal am Franz-Joseph-Kai saß oder auf der Elisabethpromenade. Ich war ausgeschaltet; ausgeschaltet war ich. Ausgeschaltet unter den Lebendigen bedeutet so etwas Ähnliches wie: exterritorial. Ein Exterritorialer war ich eben unter den Lebenden.
>
> *Joseph Roth, Die Kapuzinergruft*

In den Schulen wird 1937 nach deutschem Vorbild der Wehrsport eingeführt. Im Turnunterricht muß in allen Klassen exerziert werden, und in den beiden obersten Klassen der Mittelschule wird sogar die Schießausbildung zum Schulgegenstand. Gehen die Schüler an Heldendenkmälern vorbei, so besteht Grußpflicht. Viele Schüler sind im „Freicorps" organisiert, einer

„vaterländischen" Mittelschüler- und Studentenorganisation. Gesungen wird das Lied der Jugend, das Engelbert Dollfuß gewidmet ist und in dem es heißt: *„Ihr Jungen, schließt die Reihen gut / Ein Toter führt uns an. / Er gab für Österreich sein Blut, / Ein wahrer deutscher Mann. / Die Mörderkugel, die ihn traf, / die riß das Volk aus Zank und Schlaf. / Wir Jungen stehen bereit / mit Dollfuß in die neue Zeit."*

Treue

Es war seit je der Deutschen Brauch
die Treue bis zum letzten Hauch.
So schwören wir in großer Not
die alte Treue bis zum Tod!
Wem schwören wir?
Dem starken Mann,
dem Führer schwören wir voran,
alsdann dem Blut, dem Land, dem Reich,
ist keine Treu der unsern gleich.
Ist keine Treu der *seinen* gleich,
so fügte sich, so strahlt das Reich.
In fernen Sagen sei's gesagt,
was Treu um Treu getan, gewagt.
Josef Weinheber

Aber auch die sozialistische Opposition meldet sich in diesem Jahre wieder zu Wort. In Wiener Metallbetrieben, unter anderem in der Automobilfabrik Austro-Fiat in Floridsdorf und in der Simmeringer Waggonfabrik, treten die Arbeiter zur Unterstützung von Lohnforderungen in den Streik. Die Sozialisten schaffen es noch immer, wöchentlich 20 000 Exemplare der „Arbeiter-Zeitung" von Brünn nach Wien zu schmuggeln und hier auch zu verteilen. Es erscheinen auch illegale kommunistische Zeitschriften in Wien wie „Weg und Ziel", in der 1937 ein Artikel erscheint, der von den Zeitgenossen kaum beachtet wird. Alfred Klahr schreibt „Zur nationalen Frage in Österreich", in dem er einprägsam die kulturelle Eigenständigkeit und Unabhängigkeit Österreichs von Deutschland historisch analysiert. Erst 1945 wird man sich wieder an diesen Artikel erinnern und ihn stolz als Beispiel des wahren österreichischen Geistes aus der Zeit vor dem Faschismus präsentieren.

Die Menschen im Wien von 1937 sind inzwischen des ewigen politischen Streites müde geworden, resigniert wartet man ab, seltsam tatenlos. In den Gasthäusern hängen Plakate wie *„Trink dich voll und iß dich dick, sprich nicht viel von Politik."* Informieren kann man sich aus den etwa zwanzig bis dreißig Zeitungen, die noch immer in Wien erscheinen, darunter auch spezielle Sportzeitungen wie das „Sporttageblatt" und der „Sporttelegraph", die auf grünes Papier gedruckt waren. Es gibt sogar vierfärbige Kinderzeitungen wie den „Papagei", der zehn Groschen kostet.

Was in den Wiener Straßen unangenehm auffällt, sind die vielen Bettler. Im Hause Fritz Moldens, dessen Vater Chefredakteur der „Neuen Freien Presse" ist, klingelt es am Tag oft 10 bis 15mal, und Bettler bitten um eine milde Gabe; dazu gibt es noch die Straßen- und Hofmusikanten, die versuchen, sich ein paar Groschen, die man ihnen in Papier eingewickelt hinunterwirft, zu verdienen. Es leben in der Stadt viele Leute, die sich ihr Geld auf der Straße verdienen müssen: die Scherenschleifer, die „Burgenländerinnen", die jede Woche Butter, Honig, Eier und Geflügel aus dem Burgenland bringen. Dazu gibt es Gemüsehändler, die mit ihren Wagen durch die Straßen ziehen, Eisverkäufer und Verkäufer von Lotterielosen und die Sandwichmänner, die Werbetafeln auf Brust und Rücken tragen. Den Moldens geht es 1937 recht gut, das Familieneinkommen liegt bei 2 300 Schilling monatlich und damit weit höher als das Durchschnittseinkommen, das zwischen 60 und 120 Schilling liegt. Für das Geld bekommt man aber auch eine ganze Menge: In den Restaurants hängen vor der Türe die Tafeln mit den 1-Schilling-Menüs, auf denen man lesen kann: Leberreissuppe, Rindfleisch mit zwei Beilagen, Buchteln mit Vanillesauce. Manchmal steht auch noch daneben: Statt der Suppe – man kann telefonieren. Denn das Telefon zu Hause ist ein Luxus, den sich nicht viele Menschen leisten können. Wer es bewerkstelligen kann, 60 Groschen in ein Lotterielos der Vaterländischen Front zu investieren, der tut es. Ausgespielt werden 30 000 Preise, darunter der Haupttreffer von 25 000 Schilling. Die Einkünfte aus der Lotterie, die am 13. November 1937 Ziehung hat, sollen den Bau einer Dollfuß-Führerschule in den Nebentrakten des Schlosses Schönbrunn ermöglichen und dem Aufbau eines gewaltigen Dollfuß-Denkmales in Wien dienen sowie das Großprojekt des Hauses der Vaterländischen Front vorantreiben, das auf dem Ballhausplatz gegenüber dem Bundeskanzleramt errichtet werden soll. 1937 hat man begonnen, die Fundamente auszuheben, und dabei eine ganze Reihe von archäologischen Funden wie Gräbern aus der Römerzeit gemacht. Die Verzögerungen durch die Archäologen bringen es mit sich, daß das Haus bis zum Einmarsch der Nationalsozialisten 1938 über die Kellergeschoße nicht hinauskommt.

Die auffallendsten Plakate, die 1937 das Wiener Stadtbild bestimmen, sind im Sommer das Plakat, das für einen vermehrten Bierkonsum wirbt und ein hübsches Mädchen, das drei „Krügerln" in die Höhe hält, unter der Aufschrift „Hurra! Bier!" präsentiert, sowie das berührende Plakat der Wiener Winterhilfe, das ein kleines Mädchen im Schneetreiben zeigt. Die Winterhilfe ist ein Sozialwerk der Bundesregierung und soll in Zusammenarbeit mit privaten Fürsorgeeinrichtungen den vielen verarmten und „aus dem Wirtschaftsprozeß ausgeschalteten Mitbürgern" – eine „vaterländische" Umschreibung für die im Dezember 1937 noch immer 246 000 Arbeitslosen – helfen. 1937 erbringt sie bei ausschließlich freiwilligen Spendensammlungen rund 30 Millionen Schilling. Denn obwohl die Wiener selbst wenig haben, sie geben doch auch jenen, die noch weniger haben – in Wien, im Jahre 1937, dem letzten vollen Jahr der Ersten Republik.

> Seit einer Woche ist Wien voll Hakenkreuzen. Die Wiener sind begeistert und berauscht von Siegesreden, vom Heilgebrüll, vom Bier- und Weinkonsum.
> In der Hauptallee ... Ein Mann liegt auf einer Bank. Der Hut verdeckt sein Gesicht. Hat er hier geschlafen? – Ich nähere mich, und er öffnet gerötete Augen. Seine Haut ist fahl, seine Lippen sind lose – im Knopfloch seines schäbigen Mantels steckt ein metallenes Hakenkreuz.
> Seit zehn Tagen sind unsere Mahlzeiten pünktlicher und so billig wie möglich. Wir wissen, daß nur ein gnädiger Zufall uns noch leben läßt.
> Das tägliche Gratis-Gaudium des Pöbels: Juden müssen Straßen reiben, auf Wiesen Froschhüpfen und Hundedreck fressen ...
> *Hermann Hakel*

1938 – Den Nazis ausgeliefert

Das Unheilsjahr 1938 beginnt kalt. Ganz Europa friert tagelang unter einer gewaltigen Kältewelle, sogar in Bologna und Rimini fällt das Thermometer bis auf minus 10 Grad Celsius. Auch in Wien ist es bitter kalt, und es liegt ein halber Meter Schnee, die Temperaturen betragen am 3. Jänner klamme minus 12 Grad Celsius.

Auch die Stimmung in der Innenpolitik ist frostig. Am 27. Jänner löst die Polizei in der Wiener Teinfaltstraße ein geheimes Propagandazentrum der Nationalsozialisten auf, das die Aufgabe hatte, den Anschluß Österreichs an das Deutsche Reich propagandistisch vorzubereiten. Pikanterweise ist

> ... diese Stadt ist in meinen Augen eine Perle! Ich werde sie in jene Fassung bringen, die dieser Perle würdig ist und sie der Obhut des ganzen Deutschen Reiches, der ganzen deutschen Nation anvertrauen. Auch diese Stadt wird eine neue Blüte erleben.
> *Adolf Hitler*

> Zu Ende des Monats: es ist heller Frühling, die Sonne scheint wärmer denn je zuvor im März, und wenn ein Stück unserer Welt in den Abgrund gefallen ist, so leben wir doch weiter.
> *Hilde Spiel, Oh, Ekel! Aus meinem Taschenkalender*

> Wien ist tot. Aber wie soll man das Menschen begreiflich machen, die Wien nicht als atmende, fühlende und denkende Persönlichkeit kannten, sondern nur als Stadt? Und die *Stadt* Wien ist heute lauter, voller und rascher denn je. Bestimmt sind die Straßen voll Autos, viele ausländische darunter, und sogar ganz moderne, gepanzerte; bestimmt ist in den Restaurants und beim Heurigen kein Platz frei, weil so viele Fremde in Wien zu Besuch sind, Fremde von weit her, sogar bis von Berlin; bestimmt wird schmetternder musiziert, als je vorher in Wien, Trompetenmusik, schneidige preußische Märsche und sogar vom Himmel herab die Musik der vielen Propeller; bestimmt klappt der Verkehr in den Straßen so großartig wie noch nie in Wien, so großartig, daß die Wiener die Augen aufreißen und erst recht überfahren werden. Nein, da ist kein Zweifel möglich: Die Stadt Wien ist heute so lebhaft, eilig und laut, daß man sie fast mit Berlin verwechseln könnte. Nur die *Person* Wien, die atmende, fühlende, denkende Person Wien ist tot.
> *Willi Schlamm, Das war Wien*

unter den Verhafteten auch Leo Tavs, ein Mitglied des sogenannten „Siebener-Ausschusses", den Schuschnigg nach dem 11. Juli 1936 zur Befriedung der nationalen Opposition einberufen hatte. Unter den Papieren, die hier aufgefunden werden, ist eines ganz besonders interessant. Darin wird von provokatorischen Angriffen auf deutsche Diplomaten gesprochen. Danach sollten Protestkundgebungen der Nazis folgen, die in einer bewaffneten Erhebung gipfeln sollten. Zeitpunkt dieser Aktivitäten sollte das Frühjahr 1938 sein.

Am 25. Jänner können die Wiener ein seltenes Naturschauspiel beobachten. Wie in ganz Mitteleuropa ist auch über Wien in dieser Nacht ein Nordlicht zu sehen, eine Himmelserscheinung, die man in früheren Zeiten als sicheren Boten für kommendes Unheil betrachtet hat.

Etwa in diesen Tagen muß es auch Bundeskanzler Kurt Schuschnigg klargeworden sein, daß Hitler sich nun in der Frage eines unabhängigen Österreichs nicht mehr im Zaum halten lassen würde. Am 7. Februar trifft Franz von Papen in Wien mit einer Einladung Hitlers an Schuschnigg ein. Treffpunkt soll der Berghof bei Berchtesgaden sein. Der österreichische Bundeskanzler nimmt gezwungenermaßen an und fährt am 12. Februar unter größter Geheimhaltung, nur begleitet von Staatssekretär Guido Schmidt, seinem Adjutanten, und einem Kriminalbeamten, auf den Obersalzberg. Dort legt ihm Hitler, der den Bundeskanzler durch seine brutale Vorgangsweise völlig einzuschüchtern versteht, ein Abkommen vor, nach dem Artur Seyß-Inquart Innenminister werden soll und das weiters die völlige Ausrichtung der österreichischen Außenpolitik auf die deutsche vorsieht sowie freie Betätigung der NSDAP im Rahmen der Vaterländischen Front garantiert haben will. Hitler verhandelt nicht über dieses Abkommen, er befiehlt es gleichsam und ruft gleichzeitig und vor den Augen des hilflosen Schuschnigg nach seinem Heereschef. All dies ist für den Bundeskanzler unmißverständlich: Er kapituliert und unterschreibt. In der Nacht vom 15. zum 16. Februar nimmt er die geforderte Regierungsumbildung vor. Seyß-Inquart wird Innenminister, Guido Schmidt Außenminister, Julius Raab Handelsminister, Glaise-Horstenau und Zernatto Minister ohne Geschäftsbereiche. Ab diesem Tag beherrschen die Nationalsozialisten die Straße. Zwar schätzt man ihre Anhängerschaft nur auf etwa 30 Prozent der Bevölkerung, aber sie fühlen nun die neue Zeit heraufdämmern und überschwemmen die Straßen mit Flugzetteln, Hakenkreuzen und Propagandaschriften; NS-Kampflieder werden gesungen, deutscher Gruß und das „Heil Hitler!" künden vom nahen Ende der Republik.

Die Sozialdemokraten, seit 1934 im Untergrund, erkennen die Gefahr, die hier droht. Sie organisieren sich erneut und bieten Schuschnigg ihre konstruktive Mitarbeit – allerdings unter gewissen Bedingungen – an, aber vergeblich. Der Bundeskanzler kann und will sich nicht entschließen, mit der größten Oppositionspartei Österreichs zusammenzuarbeiten. Statt dessen verkündet er am 9. März in einer Versammlung der Vaterländischen

Front völlig überraschend, in Österreich eine Volksabstimmung abhalten zu wollen, die am 13. März stattfinden soll und die es den abstimmungsberechtigten Bürgern freistellen werde, für ein selbständiges Österreich oder für einen Anschluß an Deutschland zu votieren. Hitler merkt die Gefahr, die ihm hier vor allem international droht, und schlägt zurück: Bereits am 10. März droht er Schuschnigg mit dem sofortigen Einmarsch deutscher Truppen, falls die Volksabstimmung nicht abgesagt würde. Am nächsten Tag gibt der Bundeskanzler auf. Schuschnigg tritt in den Abendstunden des 11. März zurück, im österreichischen Rundfunk erkling seine Stimme zum letzten Mal um 19.50 Uhr mit einer bewegenden Abschiedsrede, die mit den Worten „Gott schütze Österreich" endet. Um Mitternacht ernennt Bundespräsident Miklas Seyß-Inquart zum Bundeskanzler, und bereits um ein Uhr morgens kann man ganz andere Töne aus den Rundfunkempfängern hören, als NS-Landesleiter Klausner vor das Mikrophon tritt und die neue Parole ausgibt: *„Ein Volk, ein Reich, ein Führer."*

Um fünf Uhr früh treffen die ersten Spitzen der SS und der deutschen Polizei mit Himmler und Heydrich in Wien ein, um 5.30 Uhr beginnt an der deutschen Grenze nach Hitlers „Weisung Nr. 1" der Einmarsch der Deutschen Wehrmacht.

Viele fliehen an diesem Tag aus Österreich, viele aber bleiben, obwohl sie wissen, daß die neuen Herren der Stadt sie zu Opfern erkoren haben. Zu ihnen gehört auch Egon Friedell, der Schriftsteller und Kulturhistoriker. Sein Freund Franz Theodor Csokor bittet ihn, nach Polen zu fliehen, aber Friedell lehnt mit folgenden Worten ab: *„Dort kommen sie auch hin, sie kommen überall hin. Unsere Welt ist am Ende. Es ist aus."* Am 16. März klopft die Gestapo an seine Türe, und Friedell stürzt sich aus dem Fenster seiner im dritten Stock des Hauses Gentzgasse 7 gelegenen Wohnung . . .

Am 15. März 1938 findet die riesige Anschlußkundgebung mit Hitler auf der Ringstraße und am Heldenplatz statt, viele Menschen jubeln öffentlich, mehr aber noch weinen im Verborgenen um jene Stadt, die so viele Jahre tapfer dem Ansturm des Faschismus, des Hasses und der kulturellen Provinzialisierung getrotzt hat und nun offenbar willig kapituliert. Und manch einer mag in diesen Tagen der „Heimkehr" ins Reich an die prophetischen Worte in Friedrich Schillers Gedicht „Das Siegesfest" gedacht haben, in dem vom Falle Trojas die Rede ist und das so gut zu jenem Tage und zu jener Stadt, zu jenem Wien des März 1938 paßt:

Ausgestritten, ausgerungen
Ist der lange schwere Streit,
Ausgefüllt der Kreis der Zeit
und die große Stadt bezwungen.

Als der Morgen herandämmert, gibt es das gestrige Österreich nicht mehr. Rabenschwärme der Großdeutschen Luftwaffe potzdonnern mit Wotansgetöse rasant über den Kahlenberg, den Leopoldsberg, den Wienerwald, den Steffl. Jede Maschine bringt fünfzig Mann bis an die Fresse schwerbewaffnete Reichswehr. In den Morgenstunden überschwemmt eine anschlußsüchtige Masse den Opernring, obwohl der Anführer noch gar nicht erschienen ist, sondern nur sein gesichtsloser Gestapostellvertreter Heinrich Himmler mit seinem Voyeurpincenez erwartet wird. Austro-Nazi-SA lauert an den Straßenecken, um sich auf den nächsten Nicht-Arier zu stürzen. Paramilitätisch gedrillte Austro-PG's toben sich auf Kraftwagen, Revolver im Anschlag, gegen Zivilisten, gegen Juden und Bolschewisten aus . . .
Walter Mehring

Eine Welt ist dahingeschieden, und die überlebende Welt gewährt der toten nicht einmal eine würdige Leichenfeier. Keine Messe und kein Kaddisch wird Österreich zugebilligt. [. . .] Die europäische Kulturwelt müßte sozusagen ein Begräbnis erster Klasse veranstalten, im wahrsten Sinne des Wortes: ein Staatsbegräbnis, aber sie gleicht einem Gelähmten, der im Rollstuhl Totenwache neben einem Katafalk halten soll. Der preußische Stiefel stampft über älteste europäische Saat.
Joseph Roth, Totenmesse
In: Das Neue Tage-Buch,
19. März 1938

DIE STADT . . .

65 Blick von der Tegethoffstraße zum Neuen Markt. Rechts die Hotels Krantz-Ambassador und Meissl und Schadn.

Der neue Markt mit Donnerbrunnen und Herrenhuterhaus. An der linken Seite des Platzes die international bekannten Pelzhäuser Roubitschek, Petr und Horowitz. Am Neuen Markt befanden sich auch die Endstationen der Straßenbahnlinien 58 und 59.

Die Kärntner Straße, die eleganteste Einkaufsstraße Wiens.

Fuhrwerk und Fiaker in der Tegethoffstraße.

Der Stephansplatz, damals belebter Verkehrsmittelpunkt Wiens, auf dem sich zahlreiche Autobuslinien trafen. Links das Trau-Tee-Haus, flankiert vom Kleiderhaus Jacob Rothberger, einem der bedeutendsten Modehäuser der dreißiger Jahre.

„Backfische", die Teenager der dreißiger Jahre, beim Bummel in den Arkaden des Vogelweidhofes.

Die böhmischen Ammen sorgten in den reichen Haushalten für das Gedeihen der Kinder.

Bauarbeiter teeren das Dach des Hochhauses in der Herrengasse.

Das Hochhaus in der Herrengasse. Erbaut von den Architekten Theiss und Jaksch, eröffnet 1932.

Der Eingang zum Kaufhaus „Stafa" in der Mariahilfer Straße. Hier gab es Kaufhaus, Restaurant und Kino unter einem Dach.

Die Mariahilfer Straße, eine der bekanntesten Einkaufsstraßen Wiens. Hier siedelten sich auch die ersten Großkaufhäuser wie Gerngroß und Herzmansky an. Das Bild zeigt den Abschnitt zwischen Stumpergasse und Neubaugasse gegen die Stadt zu.

Die Gumpendorfer Straße, die Hauptverkehrsader des Bezirkes Mariahilf.

Taxi auf der Mariahilfer Straße bei der Stiftgasse, im Hintergrund das Kaufhaus Herzmansky.

Wartende bei der Straßenbahnhaltestelle. Angeschrieben ist hier bereits der 10-Groschen-Tarif, mit dem man eine bestimmte Kurzstrecke weit fahren konnte.

Die Kreuzung Westbahnstraße/Neubaugasse.

Der Briefkasten am Eck, ein beliebter Treffpunkt für einen kleinen Plausch.

In den Anlagen der Gemeindebauten standen bis 1934 die Denkmäler der sozialistischen Bürgermeister. Hier das Viktor-Reumann-Denkmal im Gemeindebau am Margaretengürtel.

Der Naschmarkt, gesehen vom Verkehrsbürogebäude. Auffallend die Straßenbahnlinien auf der Rechten und Linken Wienzeile, die bis zum Beginn des Krieges bestanden.

Das Blumenstandel in der Kärntner Straße.

An der Ecke Billrothstraße und Pyrkergasse bestand bis 1935 ein kleines Einkaufszentrum mit mehreren Läden des täglichen Bedarfs. An seiner Stelle erbaute der Architekt K. Krist ein viergeschoßiges Gebäude mit sechs Geschäftslokalen.

Orthodoxer Jude vor einem kleinen Lebensmittelladen in der Leopoldstadt.

Der Schuhmacher Josef Vokoun erzeugte unter anderem auch Maßschuhe. Reparaturen von Schuhen waren nicht billig, Herrenabsätze gab es um 1,50 Schilling, Damenabsätze um 1 Schilling; Schuhe doppeln zu lassen kostete 3,80 Schilling.

Der Diskonter am Suttnerplatz bot billigste Herren- und Damenwäsche an.

Ein „Pepihacker", wie der Pferdefleischhauer auf Wienerisch genannt wurde, Ecke Gentz- und Köhlergasse in Wien-Währing.

Paketwagen der Post; der Paketbote befindet sich wohl zur „Lieferung" im nächsten Wirtshaus.

Brotausfahrer der Hammerbrotwerke. Die Hammerbrotwerke waren die große Konkurrenz der Ankerbrotwerke, ihre Produkte wurden täglich mit fast 500 Pferdefuhrwerken ausgeliefert.

Die Greißlerei der Theresia Klitscher, Mareschplatz Nr. 15.

Der Eismann versorgte Gaststätten mit frischen Eisblöcken zur Kühlung der Lebensmittel und Getränke.

Das Abladen von Eisblöcken war für die Kinder eine Attraktion ersten Ranges.

Der Christkindlmarkt am Neubaugürtel.

Arbeitslose als Schneeschaufler. Die Belohnung entsprach etwa der eines Hilfsarbeiters.

Die Asphaltiererpartie zählte sicher zu den bestverdienenden Arbeitern.

Holzsammler kehren aus dem Wienerwald zurück.

Das Kab diente dem Erdtransport, die Kabskutscher waren für ihre Grobheit sprichwörtlich berühmt.

Der Aschenmann holte die Asche der mit Holz geheizten Öfen ab und brachte sie zur Pottaschegewinnung.

Der Bierwagen transportierte oft bis zu 70 Fässer und wurde von zwei starken Pinzgauern gezogen.

Bierwagen der Wiener Städtischen Brauerei. Diese Lastwagen mit Vollgummireifen verdrängten langsam die traditionellen, von Pferden gezogenen Bierwagen.

Die Feuerwehr vom Rudolfshügel in der Neilreichgasse in Wien-Favoriten war die letzte Freiwillige Feuerwehr in Wien und versah ihren Dienst bis 1938.

Luftschutzübung der Freiwilligen Hietzinger Rettungsgesellschaft.

Die Triester Straße am Wienerberg, dahinter die rauchenden Schlote des Industriegebietes in Wien-Liesing.

Der Parkplatz am Kahlenberg mit einem Autobus der Linie 21, die von Grinzing zum Kahlenberg und Leopoldsberg führte.

Firmungsautos vor der Kirche am Kahlenberg.

Geschmücktes Firmungsauto mit Firmlingen, Göd und Godl am Jodok-Fink-Platz in Wien-Josefstadt.

Das motorisierte Taxi verdrängte immer mehr die beliebten Wiener Fiaker. Allerdings war der 50-Groschen-Tarif nicht für jedermann erschwinglich.

Der Taxistandplatz vor dem Palais Trautson in der Museumstraße, dem ehemaligen Sitz der ungarischen Garde.

Ein Steyr-Baby, Baujahr 1938, der Volkswagen Österreichs.

Der Behelfskinderwagen aus einer Seifenkiste war in den Vororten häufig anzutreffen.

Bettelmusikant im Stadtpark, einem begehrten Standplatz für umherziehende Obdachlose.

112

Verhaftung eines Bettelmusikanten am Hohen Markt. Zum Betteln mußte man eine Erlaubnis besitzen, außerdem waren nur bestimmte Wochentage zum Betteln und Musizieren zugelassen.

Notausspeisung von Armen und Arbeitslosen in Wien-Ottakring durch das Bundesheer.

Der „Grabenjuwelier" zog auf Grund seiner hohen Preise stets mehr Schaulustige als Käufer an.

Das „Amerikanische Schuhgeschäft" in der Tegetthofstraße, ein Relikt aus den zwanziger Jahren.

Wer sich kein Brennholz leisten konnte, ging in den Wienerwald zum Holzsammeln, um so für den Winter vorzusorgen.

Der Fasseltippler vulgo Bierhansler leerte den letzten Rest Bier aus den abgestellten Fässern.

Die Arbeit des Straßenkehrers war begehrt, wurde sie doch relativ gut bezahlt.

Wiener Werkelmann vor dem Haus Lerchenfelder Straße 158.

Zeitungsverkäuferin mit zahlreichen ausländischen Gazetten.

Der kleine Kaufmann am Eck, eine wahre Respektsperson.

Die Polizei, dein Freund und Helfer.

Ein Wiener Original, die Glückswabi, erstellte jedem Neugierigen um 10 Groschen das persönliche Horoskop.

Ausgesteuerte Arbeitslose verfielen auf die seltsamsten Ideen, um Geld zu verdienen. Hier versucht sich einer in orientalischer Verkleidung als Sterndeuter.

Plakatmaler mit der Ankündigung von Damenboxkämpfen.

Bauarbeiterinnen waren in der Zwischenkriegszeit nicht selten, wurden aber trotz gleicher Arbeitsleistung schlechter als die Männer bezahlt.

Bauarbeiten am 1930 eröffneten Karl-Marx-Hof.

Das Arbeiterstrandbad an der Alten Donau; 1919 von den Arbeitersportlern erbaut.

Während des Baues der Wiener Reichsbrücke wurden die Straßenbahnlinien weiter über die alte Reichsbrücke, die ehemalige Kronprinz-Rudolf-Brücke, geführt.

Die Donau gegen den Leopolds- und Kahlenberg. Auf den Fischerkähnen, Daubeln genannt, wurden Welse, Zander und Weißfische mittels Netz über eine handbetriebene Haspel aus der Donau gezogen.

Ein Sonntagnachmittag am Donaukanal bei der 1936 erbauten Stadionbrücke (früher Schlachthausbrücke).

Die „Schräge Wies'n" am Donaukanal – im Sommer die Riviera Wiens.

Das Radstadion im Wiener Prater wurde 1931 nach den Plänen von Ing. Engelmann errichtet.

Ländermatch im 1931 eröffneten Praterstadion, der Heimat des österreichischen Wunderteams.

Der Kinobesuch zählte zu den Hauptvergnügungen der Wiener Bevölkerung.

Die Konsumgüterindustrie setzte zunehmend auf Plakatwerbung.

Elendsquartier in Wien-Erdberg.

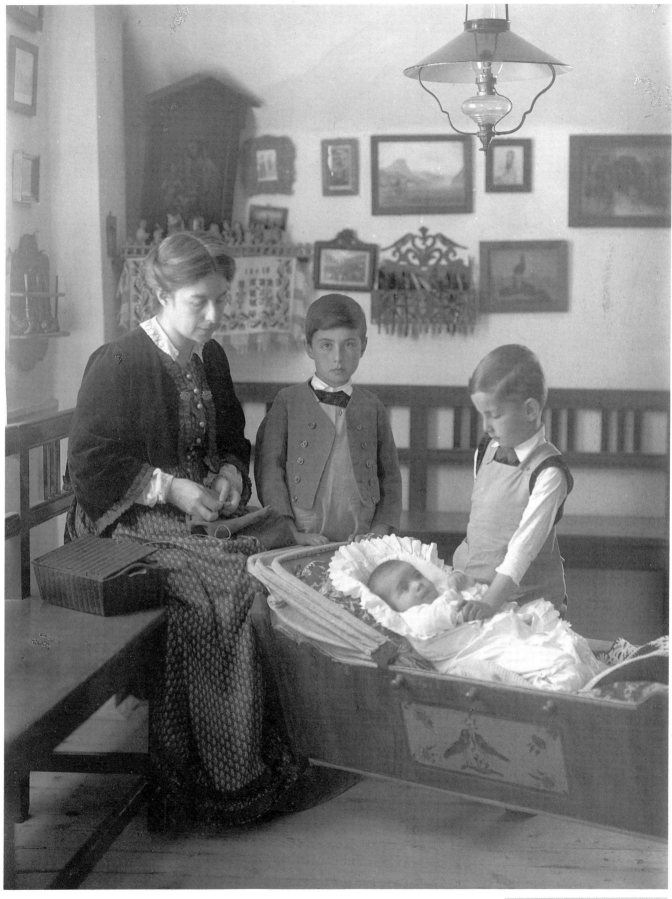

Familienidylle im Mautnerschlößl, Pötzleinsdorf.

Die Kinderübernahmestelle in der Lustkandlgasse kümmerte sich um vernachlässigte, der Fürsorge aufgefallene Kinder.

Da immer mehr Frauen gezwungen waren, zum Unterhalt der Familie beizutragen, kam den städtischen Kindergärten eine immer größere Bedeutung bei der Betreuung der Kinder zu.

Mädchen in der Lungenheilstätte Baumgartner Höhe. Die Tuberkulose, einst in Wien weit verbreitet, konnte durch solche Maßnahmen in Wien fast ausgerottet werden.

Ein Schloß für Kinder: das Kinderheim im ehemaligen Schloß Wilhelminenberg, 1927 von der Gemeinde Wien für diesen Zweck adaptiert.

Das Kinderambulatorium des Karolinenspitals in der Sobieskigasse 31A, das 1923 von der Gemeinde Wien übernommen worden war.

Bedingt durch den Kinderreichtum vieler Familien mußten die wenigen Wohnräume von allen Bewohnern, gleich ob Erwachsene oder Kinder, gemeinsam genutzt werden.

Die Straße blieb oft der einzige Freiraum.

Die „Kappel-Buam". Das Kappel war Zeichen des Erwachsenseins, besonders wenn es mit einer langen Hose kombiniert werden konnte.

Fliegenfängerverkäuferin und ihre interessierten Kunden.

Nach dem Bad im Donaukanal genießen die Kinder Sonne und Wärme an den Hausmauern der Wehlistraße in Wien-Brigittenau.

Die Kinder vom Gemeindebau.

Das Fahrrad zählte unter den Jugendlichen zu den begehrtesten Errungenschaften.

Auf dem Kinderspielplatz im Gemeindebauhof.

Jungsozialisten in Ottakring. Ausschlaghemdkragen und Windbluse ersetzten die verbotenen Uniformen.

Am Sonnt...
der Herr ...
Ruhe sein...
und begab...
auf ein „A...

Klassenzimmer einer Volksschulklasse im Jahre 1937.

Volksschulklasse beim Zeichen- und Malunterricht.

Sonntagsausflug in den Wienerwald. Man brachte sich sein Essen selber mit und bestellte nur die Getränke im Ausflugsgasthaus.

Das ehemalige Gemeindegasthaus in der Mondscheingasse. In alten Zeiten tagte hier der Gemeinderat des Vororts Neubau.

Eine Kartenpartie beim Heurigen in Grinzing.

Arbeitslose beim Kartenspiel.

Feierabend in einem Arbeiterhaushalt.

Zimmer im Obdachlosenasyl. 1935 wurde der Bau von Familienasylen in Angriff genommen, um die Wohnungsnot der Arbeits- und Obdachlosen zu mildern. Bis zum Jahre 1938 entstanden sechs solche Heime, in denen jede Familie einen Wohnraum besaß. Die Küche war als Gemeinschaftsküche für jeweils ein Stockwerk ausgelegt.

Die American-Bar im Kärntner Durchgang, errichtet 1907 von Adolf Loos.

Das „Gasthaus zum müden Wanderer" des Franz Obenaus in Wien-Erdberg.

Hinterhöfe mit Kleingärten gehörten zum gewohnten Bild des Stadtrandes. Die hinter den hohen Feuermauern befindlichen Kleingärten waren die Grünoasen der Zinskasernenbewohner und versorgten sie nebenbei auch mit frischem Gemüse.

Der Heu- und Strohmarkt am Matzleinsdorfer Platz, eingerichtet im Jahre 1880. Heute steht hier der Theodor-Körner-Hof.

Die Kameraleute der Wochenschau hielten die politischen Ereignisse der dreißiger Jahre in Bild und Ton fest.

... AM ABGRUND

Die Wiener Rundfahrten wurden vom Österreichischen Verkehrsbüro veranstaltet und sollten den Fremden Wien zeigen; die Abfahrtsstelle befand sich bei der Oper.

Demonstration gegen die Gemeindesteuern am Ring vor dem Burgtheater, 6. April 1930.

Demonstration der Taxifahrer und Fuhrwerksbetriebe gegen die Benzinsteuer, 1930.

Die Eröffnung des Wiener Stadions 1931. In der ersten Reihe sitzen Bundespräsident Miklas, Bürgermeister Seitz, Karl Renner und Michael Hainisch.

Spalier der Türkenbefreiungsfeier 1933 am Schwarzenbergplatz. In der ersten Reihe sind Unterrichts- und Justizminister Schuschnigg, Handelsminister Stockinger, Heimwehr-Bundesleiter Richard Steidle, Bundeskanzler Dollfuß, Heimwehr-Bundesführer Starhemberg, General Vaugoin und Vizekanzler Fey zu sehen (v. l. n. r.).

Die Feuerwehr entfernt eine illegal aufgezogene Nazifahne vor der Wiener Oper, 1933.

Politische Kundgebung bei der Friedensbrücke mit Bürgermeister Karl Seitz, 1933.

Absturz eines Reklameflugzeuges in den Wiener Donaukanal, 1933.

Die Türkenbefreiungsfeier im Schloßpark Schönbrunn, September 1933.

Bauerndemonstration in der Halle des Wiener Nordwestbahnhofes, 1933.

Taxidemonstration am Stephansplatz, 1933.

Beschießung des Karl-Marx-Hofes durch das Bundesheer während der Februarkämpfe 1934.

22. Februar 1934: getötete Schutzbündler.

Eröffnung der ersten Milchbar in Wien, 1934.

Bundesheer gegenüber dem Café Heinrichhof.

Feldmarschmäßig ausgerüstete Truppen des Bundesheeres vor dem Wiener Rathaus.

Jagd auf versteckte Schutzbündler.

Abbau des Republik-Denkmales am Ring nach dem Bürgerkrieg im Februar 1934.

Gedenkfeier für die Gefallenen des Bundesheeres, Frühjahr 1934.

187

Demontage des Lassalle-Denkmales, 1934.

Im Ständestaat wurden die Gemeindebauten des sozialistischen Wien nach verdienten Kämpfern des Ständestaates umbenannt. Hier die Umbenennung des Simony-Hofes in Josef-Kimmel-Hof.

Trauerfeier für den von Nazis ermordeten Bundeskanzler Dollfuß am Heldenplatz, 1934.

Der Opernball, 1935.

Das Brautpaar Diana Napier und Richard Tauber (1892–1948). Der weltberühmte Tenor war seit 1925 Mitglied der Wiener Staatsoper.

Bruno Walter (1876–1962), Direktor der Wiener Staatsoper von 1936–1938. Emigrierte 1938 nach Frankreich, 1940 in die USA.

Major Emil Fey spricht bei einer vaterländischen Kundgebung in Preßbaum.

Nach der Ermordung von Bundeskanzler Dollfuß sammelte der Ständestaat für die Errichtung eines Dollfuß-Denkmales. 1937 wurde mit der Errichtung des Monuments nach Plänen des Architekten Clemens Holzmeister am Ballhausplatz begonnen, seine Fertigstellung verhinderte der Anschluß an das Deutsche Reich.

Bundespräsident Miklas eröffnet 1935 das erste Teilstück der Wiener Höhenstraße. Im Hintergrund das Denkmal des hl. Engelbert, eine Erinnerung daran, daß Bundeskanzler Engelbert Dollfuß den Bau der Höhenstraße in Auftrag gegeben hatte.

Marlene Dietrich und Willy Forst bei Dreharbeiten.

Der englische König Edward VII. vor dem Hotel Bristol im September 1936.

Vaterländische Kundgebung mit Heimwehrführer Emil Fey.

Parade des Bundesheeres vor der Votivkirche, um 1937.

Eröffnung des Barackenlagers Kaiser-Ebersdorf durch Oberstleutnant Diakow, dem Leiter des Staatlichen Arbeitsdienstes, 1934.

Bau des Hauses der Vaterländischen Front am Ballhausplatz nach Plänen von Clemens Holzmeister. Der Bau wurde nach dem Anschluß nicht mehr fertiggestellt.

Lautsprecher vor der Wiener Oper werben für die Volksabstimmung von Bundeskanzler Schuschnigg.

Der Anschluß – Das Ende der Ersten Republik und des freien Österreich.

Wien ist eine Stadt des Deutschen Reiches. Wehrmachtsverbände paradieren am Ring.

Der „Herr Stationsvorstand". Hans Moser in dem Wien-Film „Ferienkind".

Literatur zum Thema

Hellmut Andics, Der Staat, den keiner wollte. Österreich von der Gründung der Republik bis zur Moskauer Deklaration. Wien 1968.

Ruth Beckmann (Hrsg.), Die Mazzesinsel. Juden in der Wiener Leopoldstadt 1918–1938. Wien 1984.

Thomas Chorherr, 1938 – Anatomie eines Jahres. Wien 1987.

Heinrich Drimmel, Vom Kanzlermord zum Anschluß. Wien 1987.

Franz Endler, Wien zwischen den Kriegen. Wien 1983.

Bodo Harenberg (Hrsg.), Die Chronik Österreichs. Dortmund 1984.

Bodo Harenberg (Hrsg.), Die Chronik Wiens. Dortmund 1988.

Kurt Jeschko, Sport in Wien. Wien 1969.

Franz Kadrnoska (Hrsg.), Aufbruch und Untergang. Österreichische Kultur zwischen 1918 und 1938. Wien 1981.

Christine Klusacek, Wiedersehen im alten Wien. Wien 1988.

Ingrid Loschek, Mode im 20. Jahrhundert. Eine Kulturgeschichte unserer Zeit. München 1988.

Hugo Portisch, Österreich I. Die unterschätzte Republik. Wien 1989.

Gertrud Pott, Verkannte Größe. Eine Kulturgeschichte der Ersten Republik 1918–1938. Wien 1990.

Norbert Schausberger, Der Griff nach Österreich. Wien 1978.

Erika Weinzierl, Kurt Skalnik, Österreich 1918–1938. Geschichte der Ersten Republik. 2. Bde. Graz 1983.

Friedrich Weissensteiner. Der ungeliebte Staat. Österreich zwischen 1918 und 1938. Wien 1991.

Abbildungsnachweis:

Sammlung Kurt Apfel: 65, 66, 68, 69–71, 74–91, 98–107, 109, 110, 115, 116, 122, 123, 127–147, 149–158, 161–169, 172, 175, 180/81 (oben), 187, 188, 189, 193, 194, 200

Bezirksmuseum Ottakring (mit freundlicher Genehmigung von Herrn Regierungsrat Robert Medek): 92, 93, 95, 96, 97, 108, 111–114, 117–121, 124–126, 160, 198

Historisches Museum der Stadt Wien: 67, 72, 73, 94, 148, 170, 171, 173, 174, 176–179, 181 (rechts unten), 185, 186, 190, 196, 199, 201–203

Institut für Zeitgeschichte: 180 (links unten), 182, 183, 184, 191 (oben + unten), 192, 195, 197, 204, 205

Hans Schaffelhofer: 159